デイヴィド=ヒューム
（1754年）

ヒューム

●人と思想

泉谷 周三郎 著

80

CenturyBooks 清水書院

ヒュームについて

ヒュームとの出会い

ヒュームは、一八世紀の諸特徴を最も多く表している思想家であるとともに、現代哲学との関連においても、きわめて重視される哲学者の一人である。かれは、神学上の仮定をまったくもたずに出発して、当時確実なものとみなされていた因果律、信念、心、人格の同一性、正義、奇跡などに関する諸見解をその根底から破壊したが、ひとたび書斎を離れると、自然の秩序と共通感覚（常識）を確信しているおだやかな気性の持ち主であった。

ヒュームのつぎのような言葉は、かれがいかに卓越した能力をもつ哲学者であったかということを明白に示している。

「原因と結果に関するわれわれの推論のすべては、習慣のみに由来する。また信念とは、われわれの本性の知的部分の働きというよりもむしろ情的部分の働きである。」「人間とは、思いもよらない速さでつぎつぎと継起し、たえず変化し、動き続けるさまざまな知覚の束ないし集合にほかならない。」「正義や不正義は、自然から来るものでなく、人為的に、教育と人間の黙約（あるいは便宜的とりきめ）から必然的に生ずる。」

ヒュームのこれらの文章が、私にとって身近なものとして把握されるようになるには、かなりの歳月が必要であった。

私がヒュームという哲学者にはじめて関心をもったのは、大学院生の時代に神田の書店で、エイヤーの『言語・真理・論理』（吉田夏彦訳、岩波現代叢書）を買いもとめ、下宿に帰って読んだときのことである。エイヤーは、序文のなかで、本書におけるかれの見解が、ラッセルとウィトゲンシュタインの学説に由来し、ラッセルとウィトゲンシュタインの学説それ自身は、バークリーとヒュームの経験論の論理的帰結であると明言していた。この書を読んで刺激された私は、ヒュームの思想を知りたいと思い、入門書を探したが適当なものが見つからず、大槻春彦訳の『人性論』（岩波文庫）を買って読みはじめた。だが、そのうち私の関心が他の思想に移ってしまい、第一篇を途中まで読んでやめてしまった。

ヒュームの思想の重要性が私にわかりはじめ、研究書などを集めはじめたのは、東京教育大学で文学部の助手をしていたときのことである。当時東京教育大学は、筑波移転をめぐって学部間の対立が深刻化するとともに文学部の教官のあいだでも対立がひどくなり、また教官と学生との対立も続いていた。学生が研究室を占拠したり、大衆団交が行われたり、教授会が夜遅くまで行われたりして、落ち着かない日々が続いていた。そのような状況のなかで、助手という不安定な地位にあった私は、自由とは何か、暴力・人権とはどのようにして関連するのか、といった問題をいや応なく問わざるをえなかった。

また研究室で英米関係の洋書が購入されるとき、助手として確認作業に従事しながら、ほとんどの本が何らかの形でヒュームに言及していることを知り、「ヒュームの思想を理解しないと現代の英米思想を把握できないのではないか」と思うようになった。大学紛争のなかで、私はいつのまにかドイツ哲学よりも英米哲学に親近感をもつようになっていた。

私がヒュームの思想全体を統一的に把握することの重要性に気づくようになったのは、ずっとのちのことである。昭和五二年四月に第一回の日本イギリス哲学会が東京家政学院大学で開催された。その後、研究大会が開かれると、ヒュームについての研究発表が一つないし二つ行われた。この日本イギリス哲学会を通じて、私は、政治・経済・社会思想の分野でもヒュームの思想が注目され、きわめて高いレベルで研究が進められていることを知るようになり、ヒュームの思想を研究するには、かれの思想全体を統一的に把握するように努めなければならないと考えるようになった。

ヒュームの評価

ヒュームは、主著『人性論』（『人間本性論』とも訳される）において、あらゆる学問が人間本性に関係しているとし、この人間本性を経験と観察にもとづいて解明し、人間本性の学（人間学ともよばれる）を基礎学として諸学の完全な体系を構築しようとした。それゆえ、ヒュームの思想には、哲学、道徳論、宗教論、歴史論、政治論、経済思想、社会思想などが含まれている。

ところで、ヒュームは、理解しにくい思想家である。「ヒュームは明晰《めいせき》さと一貫性という長所をもった思想家である」としばしば言われてきた。確かに、かれの文章は、ヘーゲルやハイデガーのように難解ではなく、日常の平易な言葉で具体的な経験にもとづいて語られており、明晰である。しかしヒュームの言葉使いは必ずしも一貫していない。故意に同じ言葉をいくつかの意味で用いたり、同じ意味をいくつかの言葉で表したりしており、曖昧《あいまい》な文章がときおり見いだされる。

またヒュームは、処女作『人性論』が成功しなかったのは、その内容よりもむしろ様式によると考えて、この著書を洗練された文体で書き直して公刊した。『人性論』の第一篇は、書き替えられて、『人間知性研究』として、第二篇は、『情緒小論』として、第三篇は、『道徳原理研究』として公刊された。これらの著書では、『人性論』でとりあげられた重要な問題が削除されたり短縮されており、また主張の相違や力点のずれなども見いだされる。とりわけ、これらの著作が方法論的反省を欠いていたことが、後代の研究者に諸学の完全な体系を構築しようとした『人性論』の意図を顧慮しない傾向を生みだす源になった。その結果、ヒュームの思想全体を統一的に理解することが困難になったことは確かである。

したがって、従来のヒューム研究では、ともすると、それぞれの学問分野に限定したかたちで、かれの思想を考察し評価する傾向が強かった。

哲学においては、因果律の批判によってカントを独断のまどろみから目覚めさせ、イギリス経験論をその論理的帰結にまで推し進めた懐疑論者とみなされてきた。倫理学においては、道徳感覚派に属し、社会全体の効用を強調した功利主義の先駆者と解釈されてきた。政治学においては、トーリー的保守主義に属し、自然法の重要な批判者と評価されてきた。経済学においては、アダム＝スミスの直接的先駆者とみなされるか、それとも重商主義者とみなされがちであった。歴史学においては、政治的にはトーリー的であるにもかかわらず、合理主義的歴史家と解釈されてきた。

　このようなヒュームの評価は、人間本性の学を基礎学として諸学の完全な体系を構築しようとしたヒュームの意図を無視して、それぞれの学問領域からタコツボ式にヒュームの思想を考察することから生じたものと言うことができよう。今日では、従来みられたようなタコツボ式の研究姿勢を排して、ヒュームの思想全体を統一的に把握しようとする動きが、外国においても、わが国においても、優勢になってきている。

ヒュームの自叙伝

　一般に自叙伝というものは、執筆者の生涯や人柄などを理解するのに大変役立つものである。ところが、ヒュームの場合は、自叙伝は悪評をうながすのに役立つものとなった。ヒュームの伝記についての権威者であるモスナーは、「くわしい伝記研究者にとって恩恵であるが、簡単な伝記はのろい（curse）である」と述べて、ヒュームの自叙伝が個人的悪評の根拠になったことを指摘している。

　ヒュームの自叙伝である「私の生涯」は、『デイヴィド＝ヒューム哲学著作集』（全四巻）に入っており、八頁の短いもので、六五歳で死去する年に書かれたものである。「私の生涯」に見いだされる文章が、かれを誤解する原因になったことはまちがいない。ヒュームが野心家で不純な動機の持ち主であったという悪評の原因になったものとして、つぎのような文章があげられる。

「私は、通常の教育課程を好成績をもって終了した。そうして非常に早くから、文学への情熱によってとらえられた。これは私の生涯を支配する感情であり、また私の楽しみの大きな源であった。」（山崎正一訳）

「私の支配的な感情である文名への愛ですら、たびかさなる私の失意にもかかわらず、決して私の気分をひねくれたものにはしなかった。」（山崎正一訳）

このように、ヒュームが早くから有名な文筆家になりたいという野心をもち、終生その目的を堅持したことは確かである。だが、このことは必ずしも非難されるべきことではない。青少年時代に大志をいだかないような人間が、大事業を成就したり、偉大な文学者になることができるだろうか。ヒュームが自叙伝のなかで、くりかえし名声欲に言及していることに注目して、不純な動機で哲学を研究したときめつけることは、曲解としかいいようがない。

またヒュームは、自叙伝のなかで、毎頁収入のことに言及し、財産の状態を報告している。このことから、ヒュームは金銭欲にとりつかれた人物という悪評がでてきたように思われる。しかし、このことも誤解にもとづくものである。早くから文筆家として身を立てたいと望んでいたヒュームは、働かなくても生活できるだけの所得をもつことが必要であった。そこで他人のおもわくを気にすることなく、文筆に専念するために、ある程度の経済的安定を求め続けたのである。

ところが、ヒュームは、生存中から「人気と金儲《かねもう》けに腐心している人物」と非難され、その後も「虚栄心こそヒュームを魅了した愛人であり、生涯かれの心をとらえ、かれを支配し続けたものである」と批判された。このような悪評は、二〇世紀に入ってからも続いたが、一九六〇年以降ヒューム研究について新しい動向が現れるようになり、名声欲と金銭欲を求め、不純な動機で哲学を研究したという解釈に代わって、現代哲学の出発点と関連する思想家あるいは卓越した社会科学者として高く評価されるようになってきている。

ヒューム思想の現代的意義　フッサールは、『厳密な学としての哲学』（一九一一）のなかでヒュームについて、つぎように述べている。

「もしヒュームの感覚論が〈あるものについての意識〉の指向性の全領域に対して眼をふさがず、かれがこの領域の本質的研究を行っていたならば、かれは偉大な懐疑論者ではなく、真に積極的な理性論の創立者となっていたことであろう。」（小池稔訳、中央公論社）

フッサールは、このように、現象学の立場からヒュームの限界を指摘しながら、ヒュームの哲学を高く評価している。

また廣松渉氏は、対談集『哲学に何ができるか』（一九七八、朝日出版社）のなかで、ヒュームをデカルト以来の主観‐客観の図式でもって世界をとらえようとしてきた近代哲学の基本姿勢を克服して、もう一度主客分離以前、精神と物質との二元的分離以前のところに出発点を再措定《さいそてい》した哲学者として評価し、つぎのように述べている。

「突き放した言い方をすれば、マッハの哲学というのは、ヒューム哲学の焼き直しだと思うんです。こういう言い方をするかぎりでは、西田幾多郎もヒュームの焼き直しだし、ベルクソンもヒュームの焼き直しだし、それからプラグマティズムのウィリアム＝ジェイムズもヒュームの焼き直しだと言わねばならなくなりますが、そのことがまた、先ほど、近代哲学、つまり資本主義時代の哲学は一八世紀のヒュームあたりで一応いくところまで行った、あとは、位相の変ったヴァリエーションだと申したこととも関係するわけです。」

廣松渉氏は、現代哲学がヘーゲルのところからでてきたことを認めながら、デカルトに始まる近代哲学は、ヒュームが主客図式の自己否定にまで行きついたことで一応終わっているとし、もう一度同じ主客図式を位相を変えてやり直したのが、カントからヘーゲルまでの展開であると主張している。この解釈は、ヒュームの思想のもつ現代的意義を示唆しており、傾聴に値するものである。

また卓越したヒューム研究者であるパスモアは、ヒューム哲学について、著書『ヒュームの意図』（一九五二）のなかで、つぎのように述べている。

「かれの哲学における矛盾は、あまりにも深遠であって、取るに足らないものとして片づけることができない。ヒュームが実際に現象学者であるとか、懐疑論者であるとか自然主義者であるとかを示そうとして、そのような哲学のうちに入らないかれの著作の部分を、筆のすべりにすぎないことを示そうとするならば、われわれは、かれの筆のすべりが素晴しい調和をもっていることを認めなければならないだろう。」

目次

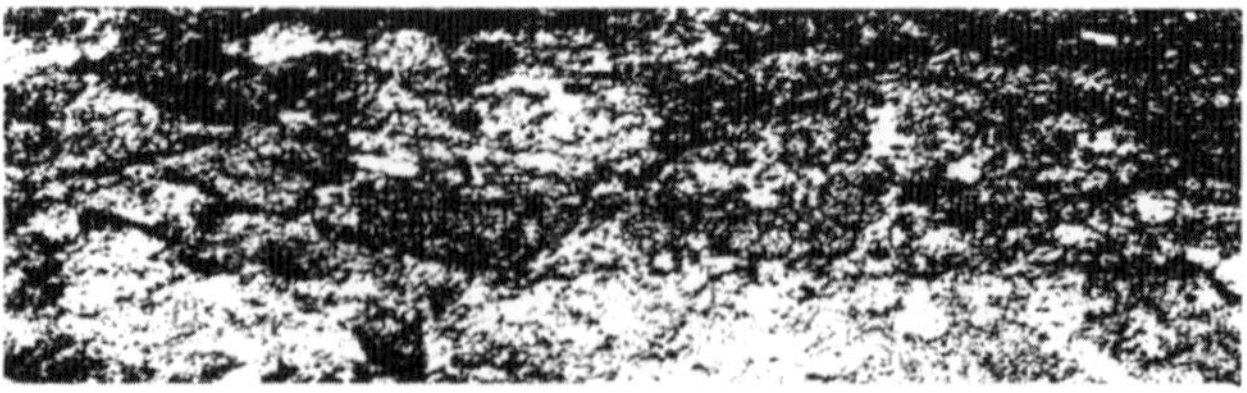

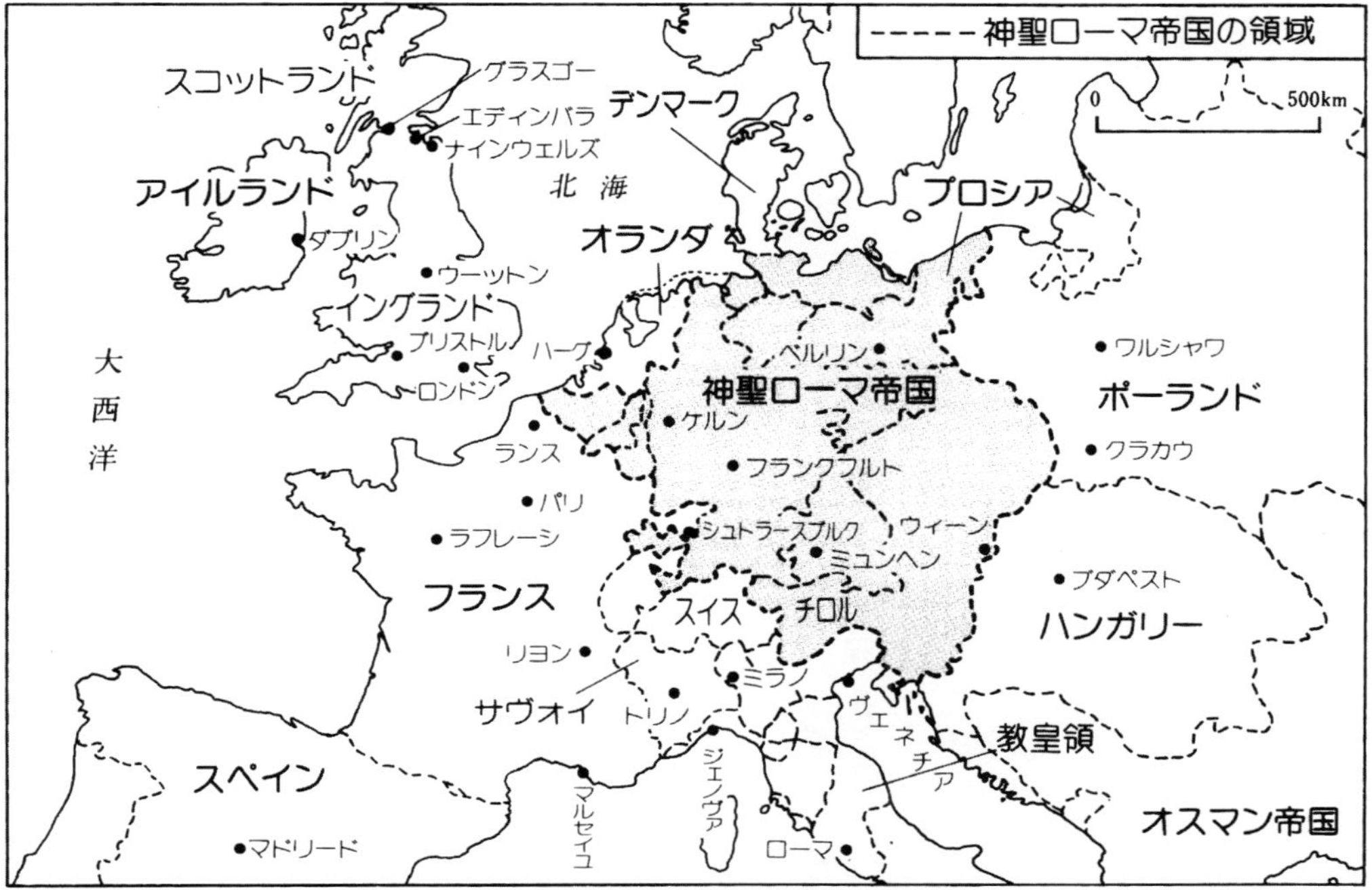
------神聖ローマ帝国の領域
0
500km
スコットランド
グラスゴー
エディンバラ
ナインウエルズ
アイルランド
ダブリン
北海
デンマーク
プロシア
オランダ
ウーットン
イングランド
ブリストル
ロンドン
ハーグ
ベルリン
ワルシャワ
大西洋
神聖ローマ帝国
ポーランド
ケルン
ランス
クラカウ
フランクフルト
パリ
ラフレーシ
シュトラースブルク
ウィーン
ミュンヘン
ブダペスト
フランス
スイス
チロル
ハンガリー
リヨン
ミラノ
サヴォイ
トリノ
ヴェネチア
教皇領
スペイン
マルセイユ
ジェノヴァ
オスマン帝国
マドリード
ローマ
ヒューム関係地図

I　ヒュームの時代と生涯

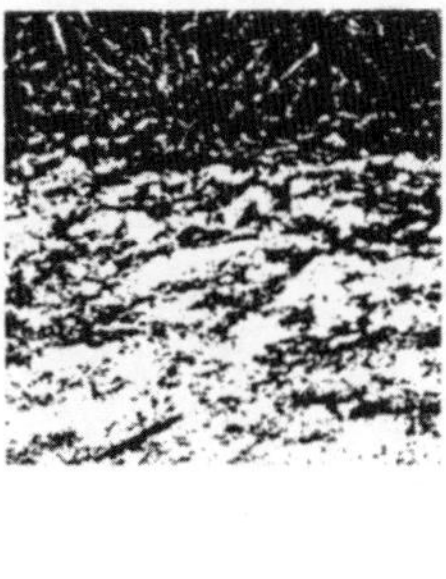

ヒュームの時代

啓蒙主義の時代

アレグザンダ＝ポープ（一六八八～一七四四、イギリスの詩人で、詩集『牧歌』、『批判論』、『人間論』などの著作がある）は、『人間論』（一七三三～三四）のなかで、つぎのように述べている。

「まず最初に、天なる神と地上の人間とについて、われらの知っているものから判断する以外に、われらは何を判断し得るだろうか。人間についてわれらが判断し参照するよすがは、この地上のかれの状態を除いて何があるだろうか。」

「したがって汝自身を知るがよい。神の謎を解くなどと思ひあがるな。人間の正しい研究題目は人間である。」（上田勤訳、岩波文庫）

ポープのこれらの言葉は、一八世紀啓蒙主義の一般的感情を簡潔に、しかも適切に表現している。啓蒙主義者といわれる人びとは、伝来の権威や偏見にとらわれることなく、人間の状態を見つめ、人間そのものを研究することを課題としていた。

啓蒙主義とは、思想史上では、一七世紀から一八世紀にかけて、もっと具体的にいえば、イギリスの名誉革命からフランス革命にかけての約一〇〇年間、ヨーロッパを支配した反封建・反教会的な思想と運動のことである。そもそも啓蒙とは、ドイツ語のaufklären（晴れる、快晴になる）という語に由来し、人間の無知を照らす知識の光のことを意味している。

啓蒙主義は、最初イギリスに現れ、ついでフランスで開花し、最後にドイツに伝播《でんぱ》した。もっとも啓蒙主義といっても、その内容はきわめて多彩である。イギリスでは、一七世紀にピューリタン革命と名誉革命とによって市民社会の基礎が築かれたが、その過程において啓蒙主義の思想が発展した。ジョン＝ロックは、生得観念を否定することによって理神論（神を世界の創造者として認めるが、創造されたあとでは、世界は自然法則にしたがって運動し神の干渉を必要としないという思想。宗教と理性の調和をはかりキリスト教をまもろうとした考え）の哲学的基礎を提供するとともに、経験論と自由主義にもとづく市民社会論を展開して啓蒙主義に多大の影響をおよぼした。またニュートンは、自然法則の発見と自然現象を解明する方法を提示することによって、新しい時代のみちびきの星となった。ヒュームは『イングランド史』のなかで、ニュートンを「人類の栄誉と教化のためにかつて出現した最も偉大で稀有《けう》な天才」とよんでいる。

フランスの啓蒙主義は、イギリスの啓蒙思想を輸入し、それを武器としたが、イギリスのそれよりも急進的であり、ヴォルテール、モンテスキュー、ディドロ、ルソーなどによって華々《はなばな》しく展開された。

ドイツの啓蒙主義は、イギリス・フランスの啓蒙思想の影響のも

ポープ

とに展開した、それは当時の市民の思想を代弁していたが、反体制的勢力として自立することなく、逆にプロイセン絶対主義に吸収されてしまった。カントの啓蒙についての定義は有名である。「啓蒙とは、人間が自分の未成年状態から脱却することである。……ここで、未成年とは、他人の指導がなければ自分の悟性《ごせい》を使用することができない状態のことである。……人間がこのような状態にとどまっているのは、悟性が欠けているからではなく、進んで自分の悟性を使用しようとする決意と勇気が欠けているからである。それゆえ、カントは、『あえて賢かれ』、『自分自身の悟性を使用する勇気をもて』と説き、これこそ啓蒙の標語である」と主張した。カントのこのような見解は、啓蒙主義の精神をよく示しているが、他面では、個人の精神的自立を説くことに終始し、政治的実践にまで進むことのできなかったドイツ啓蒙主義の限界を示唆しているともいえよう。

　啓蒙主義は、全体的には、権威や偏見にとらわれることなく、人間そのものを研究することによって精神の進歩と社会の改善のために貢献し、人びとによき未来社会を形成する能力をもつという自信を与えた。ヒュームが生涯を過ごした時期は、まさにこの啓蒙主義の時代であった。ただし、この時代には啓蒙主義がいたるところで、支配的であったわけではない。

「神経の回復」

　ピーター＝ゲイは、『自由の科学』（――ヨーロッパ啓蒙思想の社会史――）のなかで、一八世紀のヨーロッパ各地に現れた諸状態を、「神経の回復」とよんでいる。ゲイによれば、啓蒙の世紀において、ヨーロッパの知識人は、新しい生命感に目覚め、かれらが自然とかれら自身とを支配しているという気分を味わっていた。疫病《えきびょう》、飢饉《ききん》、危険にみちた生活と早死、戦争と平和の容赦ないくりかえしが、知性の働きなどによってくずれはじめたかのように思われた。哲学者、自然科学者、商人などは、自己の能力への信頼をもつようになった。哲学者たちは、このような雰囲気をつくる役割を果たすとともに、自由を擁護するために、さまざまな制度をつくりあげようと努めた。

他方、昔からの災害は、以前のようにひどくはなかったが、依然として続いていた。「戦争、病気、飢餓、不安定、不正が、人間の生活を暗たんたるものにし、希望をくじき続けた。進歩すらもが新しい犠牲者をつくりだした。多くの人びとの生活の重荷を軽くしたもろもろの改革が、他の人びとの苦しみを増した。大多数の人びとにとって、一八世紀というのは、まだ楽しいことはほとんどなく、耐えなければならないことばかり多い時代であった。思想の新しい様式は、主として生まれの良い人、自己を表現することのできる人、また幸運な人のためのものであり、農村・都市の一般大衆は、この新しい秩序のもとではほとんど恩恵に浴することがなかった。思想と同様、生活様式においても、西欧社会では数世紀が同時に共存していた。」（中川久定・鷲見洋一他訳）

このように、一八世紀に行われたもろもろの進歩は、それが産業、農業、教育行政のどの領域に関するものであれ、うさん臭い恩恵であった。というのは、進歩がしばしば新しい犠牲者をつくりだしたからである。しかしながら、それらの進歩から利益をうる有利な立場に置かれた人びとは、かつてなかったほど、将来に対する見通しによって活気づけられていた。ゲイによれば、一八世紀にみられるこのような精神的雰囲気は、広範囲に広がっていった新しい経験であり、ローマ帝国初期にみられた人間の無気力と合理性の枯渇《こかつ》を、ギルバート＝マレーが「神経の衰弱」とよんだ現象とは対極をなすもので、「神経の回復」とよぶことができる。

「この世紀は、神秘主義の衰退、生への希望の増大、努力に対する信頼の回復、探求と批判への積極的参加、社会改革への関心、世俗主義の増大、あえて危険に立ち向かおうとする意志の増大を特徴とする世紀であった。くりかえすに値することだが、これは新しい事態であった。」(『自由の科学Ⅰ』)

比較的平穏な時代

イギリスの思想史研究の権威であるバジル＝ウィリーは、一八世紀イギリスの姿を、つぎのように描いている。

「一八世紀は、実質上、一七世紀の最後の数十年にはじまっている。この数十年に足を踏み入れると、四方八方に、見慣《な》れた一八世紀の境界標が、この時代の見慣れた照明に照らし出されているのをわれわれは認める。……狂乱の世界にいま降りそそぐ日常の白日は散文的かもしれないが、少なくとも安定した、穏やかなものであり、いまだ過度の光によって暗くはなっていない。いたるところで、安堵《あんど》感と解放感に出会う。」(三田博雄・松本啓他訳『一八世紀の自然思想』、みすず書房)

一七一四年、アン女王の急死後、ジェイムズ一世の曽孫であるジョージ一世が即位し、ハノーヴァー朝が成立した。五四歳でイギリスの王となったジョージ一世は、ドイツからやってきたために英語を理解できず、イギリスの諸事情についてもほとんど関心がなかった。一七二一年、ロバート＝ウォルポールが首相として登場した。かれはウィッグ派の大地主層と大商人層を勢力基盤にしながら、すぐれた行政能力と王の信頼と議会操縦術とによって、以後二〇年間にわたる長期安定政権を樹立し、「ウォルポールの平和」とよばれる時代を実現した。

一七二七年に即位したジョージ二世も、特別の場合を除き、父の例にならったので、この治世に王権が実質上縮小し、首相や大臣の権力が伸張することになった。国王の御前会議は、閣僚会議となり、内閣は、国王に対してでなく議会に対して責任を負うようになり、責任内閣制の道が開かれた。

一七三九年、スペインとの海上権争奪戦の開始によって平和政策は終止符をうたれ、四二年ウォルポールは辞職した。四五年には、ジャコバイトがハノーヴァー朝に挑戦して、スコットランドに上陸し、その軍隊がダービーまで進軍するという事件が起こった。

一七五六年、ヨーロッパに七年戦争が勃発するが、イギリスではウィリアム＝ピットが議会の信任を獲得

議場のウォルポール　左より２人目

し、事実上の首相として戦時政権を担当した。かれは、雄弁家として、また議会と国民の指導者としてすぐれていただけでなく、陸海軍を指揮する能力にも卓越していた。そして対仏植民地戦争を世界的規模で進めて勝利をおさめた。

一七六〇年、ジョージ三世が即位した。翌年ピットの辞職によって、ウィッグの時代が終わると、国王は、トーリーの御用党内閣を通じて国政を指導し、議会政治を無視するにいたった。ジョージ三世のこのような専制政治を、一七六三年に庶民院議員のジョン＝ウィルクスが批判した。これを契機に議会改革運動が拡大するにいたった。一七七六年一月には、トーマス＝ペインが『コモン＝センス』を出版し、二月には、リチャード＝プライスが『市民的自由の本質』を出版して、アメリカ植民地の独立を支持するとともに国王側を攻撃した。同年七月四日、アメリカの独立宣言が発表された。ヒュームが永眠したのは、その五〇日後の一七七六年八月二五日のことであった。

ヒュームがその生涯を過ごした一八世紀のイギリスは、激動の時代といわれたホッブズやロックの時代とはちがって、市民革命と産業革命という二大変革にはさまれた、比較的平穏な時代であった。この時代のイギリスの政治思想は、ある政治学者によれば、「革命によって樹立された体制に若干の注釈を加えたものである」ともいわれる。

一八世紀のスコットランド

ヒュームは、一七一一年、スコットランドのエディンバラで生まれた。エディンバラは、今日ではヨーロッパで最も美しい都市の一つにかぞえられ、夏になると、多数の観光客が訪れる。

スコットランドがイングランドと合同したのは、ヒュームが出生する四年前の一七〇七年のことであった。両国は、もともと言語・風俗・習慣・宗教などが異なっていたこともあって、長い年月敵対関係にあった。しかし、名誉革命によって、ウィリアム三世とメアリーが王位につくと、スコットランドでもこれを支持して名誉革命体制をとりはじめた。貴族の間では依然としてジェイムズ派の勢力が強くステュアート朝支配の復活をくわだてる反乱があったが、両国の間では合同を欲する気運が高まっていった。一七〇二年、アン女王の即位とともに、両国の議会から委員が任命されて討議を重ねた結果、一七〇七年、イングランドとスコットランドとの合同が実現し、ここに大ブリテン連合王国が成立した。

合同以前のスコットランドは、イングランドと比較すると、二世紀ほど遅れた状態にあったといわれる。人びとは封建的な社会制度のもとで暮らしており、貧困であった。農業の方法も中世的で排水工事がなされていないため、肥沃《ひよく》な土地が水びたしで放置され、他方ではやせた土地が山腹まで耕されるといった有様であった。

農民の家屋は泥炭造《でいたんづく》りかあるいは石造りの小屋で、窓や煙突がほとんどなく、戸口が明りとりと換気の役割を果たしていた。また商工業の発展も、ほんの小規模であって、グラスゴーの海運業もまだ盛んになっていなかった。それゆえ、農民や商人は、貧しかったが、イングランドの裕福な農民や商人にくらべて、聖書の知識や神学上の論争などによく精通しており、進取の気性に富んでい

イングランドとスコットランドの合同　アン女王が連合法案に裁可を与えている。

た。

一七〇七年の両国の合同は、長期的にみれば、スコットランドの農業や商工業の発展に多大の寄与をなした。というのは、合同は、スコットランドの農業と商工業にイングランドおよび植民地の市場を開かせることによって、スコットランドの経済の発展に決定的な影響を与えたからである。

両国が合同してから百年の間に、スコットランドは、近代的農業の普及、商工業の興隆、アメリカとの貿易などにより、めざましい発展をとげるとともに、ヒューム、アダム＝スミス、ジェイムズ＝ワットなどの人物を輩出して、イギリスの繁栄に貢献したのである。

ヒュームの生涯

牧歌的自然のなかで

一七七六年四月、六五歳を迎えようとしていたヒュームは、死の近いことを感じて、「私の生涯」を書いた。かれは、そのなかで、自分の出生と家柄について、つぎのように書いている。

「私は、旧暦(ここでの旧暦とは、ユリウス歴のことで、イギリスで現行のグレゴリオ歴が採用されたのは、一七五二年のことである)で一七一一年四月二六日、エディンバラに生まれた。私は父方からいっても、母方からいっても、良い家柄の出であった。私の父の家柄は、ホームあるいはヒューム伯爵家の分家であり、私の祖たちは数代にわたって、現に私の兄が所有している土地の領主なのであった。」(山崎正一訳、朝日出版社)

デイヴィド゠ヒュームは、父ジョーゼフと母キャサリンとの次男としてエディンバラの邸宅で生まれた。ヒューム家は、一六世紀以来ベリクシャーの領地ナインウェルズを領有してきた。当時父は、領地を支配するかたわら、エディンバラで弁護士の業務に従事していた。母は高等法院長官の娘であった。デイヴィドには、兄ジョンと姉のキャサリンがいた。

ヒュームは、自叙伝のなかで、良い家柄の出身であることを強調しているが、そのあとで、「私の家は金持ちではなかった」と述べている。かれの家が領有していたのは、中規模の農地であったので、金持ちではなかったけれども、かなり裕福であったらしい。ヒュームの幼年時代と少年時代のことについては、ほとんどわかっていない。

父ジョーゼフは、有能な人物であったらしいが、一七一三年に三三歳の若さで死去した。若くて美しい母は、夫に先立たれた悲しみに耐え、勧められる再婚の話をことわりながら、エディンバラとナインウェルズで、三人の子どもの養育に専念したらしい。デイヴィドは、ナインウェルズでは、牧歌的自然のなかで、やさしい母と兄姉と召使たちに囲まれて、楽しい日々を過ごしたものと思われる。

ヒューム家は、長老派教会に属しており、家族は教会に通い、心から神を信じていた。少年時代のデイヴィドも、信心深く、そのころ広く読まれた道徳書である『人間の全義務』を読んで、その本がかかげている悪徳表を自分の生活にあてはめたりして、神のために生きるように努めたらしい。

「ひどいお馬鹿さんだ」

デイヴィドは、満一二歳にまもなくなろうとしていたとき、当時の風習にしたがって、兄のジョンといっしょにエディンバラ大学に入学した。大学の入学者名簿には、一七二三年二月二七日の日付でかれの名前が記載されている。

当時のエディンバラ大学は、イングランドの大学にくらべると、新しい時代の気運を反映して活気があった。そこでは伝統的な古典教育とともに、科学・哲学・文学の新しい思想が教えられていた。ジョン=ロックやニュートンなどの新しい学問も紹介されていた。

学生時代のヒュームは、背が高く、やせていて神経質な青年であったといわれている。かれは、外面的には平凡な学生であったが、文学、形而上学、論理学などを学んで、精神的にも成長し、新しい学問の動きを敏感に吸収したらしい。またヒュームが宗教への信仰を失ったのは、大学時代か、あるいは卒業してまもなくの時期であったと推測される。

ヒュームは、一七二五年ないし二六年に大学を去り、ナインウェルズに帰って、大学時代に培《つちか》われた文学への情熱にもとづいて、詩や文学や哲学などの著書を読んでは思索を重ねるようになった。父の死後、当時の習わしにしたがって、兄ジョンが家名とナインウェルズの領地を相続した。ヒ

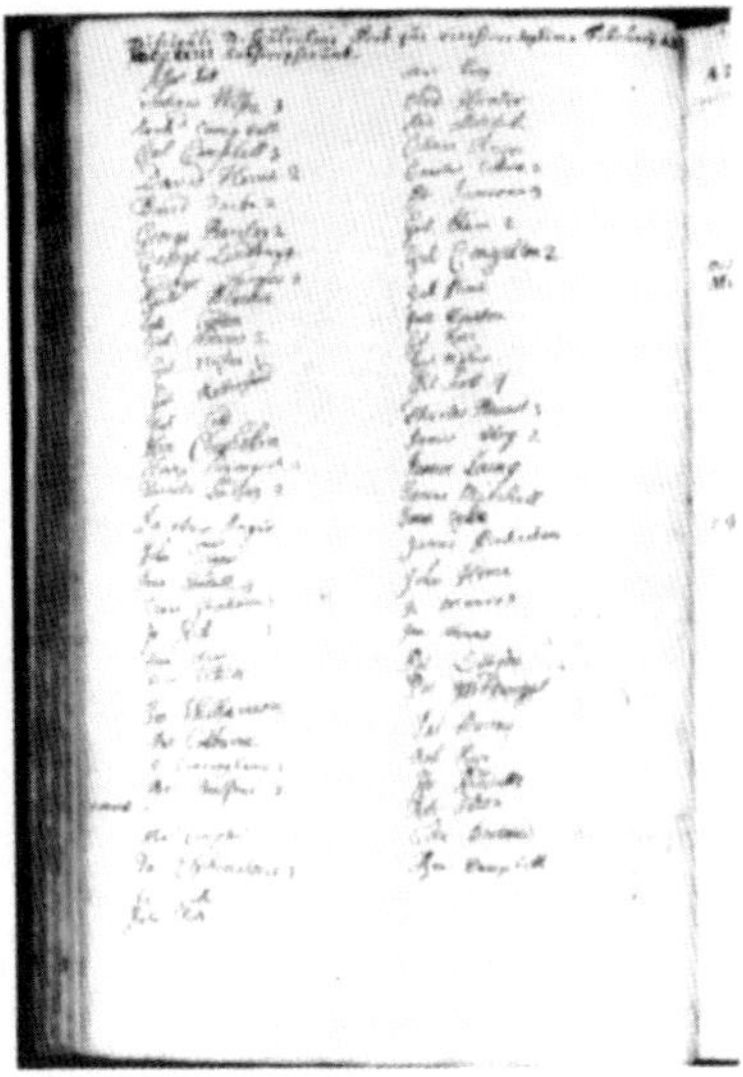

エディンバラ大学の入学者名簿

ュームは、次男であったのでほんのわずかの遺産しか与えられなかった。そこで自分の生計を立てることを考えなければならなかった。家族は、ヒュームが法律家となることを望んだ。かれ自身も、最初法律家で身を立てようと思い、法律の勉強に専念した。しかし、法律への熱意は燃えあがらず、まもなく法律家になることを断念した。

そのころ、ヒュームは、法学者の著書よりは、キケロ（前一〇六～前四三、ローマの政治家・雄弁家・哲学者）

やヴェルギリウス（前七〇～前一九、ローマ第一の詩人、主著『アエネイス』）などの著書を愛読し、かれらの思想に魅せられていた。そしてキリスト教道徳に代わって、ストア学派の倫理思想がかれの道徳規範となっていった。

人一倍子ども思いの母は、法律の勉強をいつのまにかやめてしまい、文学や哲学の著書を読み続けるヒュームを、「デイヴィドは、とてもお人好しだが、ひどいお馬鹿さんだ」といったというエピソードが伝えられている。

「医師への書簡」とノイローゼ

法律家になることを断念し、生涯における心の独立を求めて、ヒュームは模索を続けた。このころのかれの心の内面的苦闘のあとを、あざやかに示しているのが、一七三四年に書いたと推定される「医師への書簡」である。

この書簡は、医者であり、『ジョンブル物語』の作者であるアーバスナットに宛てたものであるが、発送されたか否かは不明である。その内容は、ヒュームがエディンバラ大学を卒業してから、一七三四年にブリストルに向かうまでのかれの心の経歴を吐露《とろ》したものである。この書簡のなかで、ヒュームは、哲学者や文芸批評家の著書を読んでいるうちに、これらの学問には、まだ決定的な学説がなく、最も基本的な問題についてさえ、論争をくりかえしていることがわかってきたと述べ、さらにつぎのように書いている。

「これらのことを調べてから、私にある大胆な気持ちが起こってきた。それは、これらの問題について、何らかの権威にしたがうのではなくて、真理がそれによって確立されるべき新しい方法を探求してみようということであった。このことについて多く学び反省したのち、ついに一八歳のとき、思想のある新しい情景が私に開かれたように思われた。それは私を有頂天にした。そこで私は、青年の情熱をもってそれに専念するために、他のすべての快楽と仕事とを投げ棄てた。」ヒュームは、この書簡が明らかにするように、「思想のある新しい情景」を体験し、法律家になることを断念して、学者か哲学者になることを切望するようになった。数ヵ月のあいだ、ヒュームはとても充実した日々を過ごした。

ところが、一七二九年の九月ごろ、ヒュームは、突然すべての情熱を失ってしまった。それは身体の不調に由来するものではなかった。これは怠け心から起こったもので、もっと勉強することによって克服されるようにも思われた。この状態のまま九ヵ月が過ぎた。そして原因が別の事情にあったことが判明した。それは、ヒュームがキケロやセネカ（前五ころ～後六五、ローマの詩人、哲学者、『心の平静について』など）などの著書を読んで感銘をうけ、かれの気質を無理に改善しようとしたことにあった。

ヒュームは、死や貧困や苦痛などの人生の苦難や不幸に対して、反省によって自己の精神を強靭《きょうじん》にしようと努めていた。このような試みは、活動的な生活と結びついている場合には有効かもしれないが、孤独であるときには、精神の力が空回《からまわ》りしてしまい、意気銷沈《しょうちん》をもたらすのである。ヒュームがこのことに気づいたとき、かれの身体と精神とはひどくそこなわれて、重症のノイローゼにおちいっていた。

この状態から脱するために、ヒュームは、わざと怠けてみたり、食事や生活を規則正しくするようにしたり、毎日散歩するようにしたり、いろいろなことを試みた。このような療養に努めた結果、二〇歳ごろ何とか仕事を続けることができるほどまでに回復した。一七三一年の五月ごろから、かれは突然食欲が旺盛《おうせい》になってふとりはじめ、まもなく血色もよくなり快活な風貌《ふうぼう》にかわった。

だが、ヒュームのノイローゼはなかなか全治しなかった。そのため、ある問題を考察しようとしても、くりかえし中断され、脈絡《みゃくらく》ある思想を追求することができなかった。そこでヒュームは、心機一転して今までよりももっと活動的な生活をしようと決心した。あれこれと考えたあげく、商人の生活に投びこむことにした。

「ある新しい情景」

ヒュームは、「医師への書簡」のなかで、一八歳のとき、思想のある新しい情景に到達したと述べているが、「ある新しい情景」とは何であるか。それは、哲学上の重大な原理の発見、つまり因果律批判であるということでヒューム研究者の見解は一致している。因果律(すなわち原因と結果の法則)は、自然哲学や道徳哲学のみならず、論理学と数学を除いたすべての学問の基礎となるものである。ヒュームが因果関係についての伝統的理論に対して疑いをもつきっかけになったのは、神への疑いであった。当時神の存在証明は、ときおり因果律の適用によってなされていた。ヒュームは神の信仰に対して疑いをいだくようになるとともに、因果律に論理的必然性を見いだすことに疑いをもつようになったのである。

ジョン＝ロックは、因果観念を素朴に認めていたし、生涯を通じて神への信仰を失わなかった。だが、ロックの経験論、とりわけかれの内観的方法は、ヒュームを因果律批判に導いたものと思われる。サミュエル＝クラークは、ニュートンの自然学の継承者で、神の存在や霊魂の不滅などを論理的に証明しようとしたが、クラークの証明が逆にヒュームに神の存在を疑わせることになったといわれている。

ヒュームは、「医師への書簡」のなかで、「ある大胆な気持ち」が起こったと述べている。その気持ちとは、古人や有名な哲学者の著書を信ぜず、かれらの言葉を権威として認めないということである。ヒュームをこのような気持ちに導いたのは、エディンバラ大学に在学中に知ったニュートンの自然学とロックの哲学であったと推測される。

ニュートン

ヒュームの因果律批判は、かれの処女作である『人性論』において主要な課題となった。因果律批判は、すでにバークリーなどの哲学者によって試みられていたが、この批判を徹底的に推し進めたのがヒュームであった。かれの因果律批判は、周知のように、カントを独断のまどろみから目覚めさせることによって、哲学史におけるヒュームの名を高めたものである。

あるヒューム研究者によると、思想のある新しい情景の展開は、

「医師への書簡」によれば、二つの時期に区別される。第一期は、一八歳のとき思想の「ある新しい情景」が開かれ、数ヵ月間幸福を味わったという時期で、このとき因果律についての新しい解釈ができあがったものと思われる。第二期は、一七二九年の秋以降の時期で、重症のノイローゼに悩みながらも、自己反省と研究を通じて、人間本性をまったく新しい視点からとらえ、かれの新しい哲学体系の構築に向かう時期である。このように二つの時期に分けることは、ヒュームの思想の理解に役立つが、かれの内面では連続していることを忘れてはならない。

ヒュームが理性そのものに疑いをいだきはじめたのは、かれがノイローゼから立ち直ろうとする過程においてであったらしい。ストア哲学の著書を読み、感銘をうけていたヒュームは、ストア的自己鍛練《たんれん》によって自己を変えようと試みた。それは、理性によって自分の気質を改善し、反省によって人生の逆境や苦難に耐えるようにしようとすることであった。だが、このことは、自然に反することであって、そのこと自身が情熱によるものであった。ヒュームはストア的自己鍛練の限界に気づいたとき、理性の背後にある「情念」の重要性を理解し、人間本性をまったく新しい観点からとらえることができるようになった。

文筆家としての決意とフランス行

二三歳を迎えようとしていたヒュームは、故郷に別れを告げ、ロンドンで「医師への書簡」を書いたのち、経済的独立を求めて、南西イングランドのブリストルに向かった。当時ブリストルは、西インド諸島との貿易の主要港として繁栄していた。

ヒュームは、ここで手広く砂糖商を営んでいた店に勤めたらしい。しかし、数ヵ月商売に従事して、自分がこの仕事に不向きなことを知った。これらの経緯について、「私の生涯」では、つぎのように述べられている。

「一七三四年に、名の知れた商人たちへのいくつかの推薦状をたずさえて、私はブリストルに赴いた。ところが、二、三ヵ月たつと、舞台が私にまったく不向きなことがわかった。どこかの片田舎にひきこもって、自分の研究を遂行しようと考えて、私はフランスへ渡った。」(山崎正一訳)

ヒュームは商売が自分に不向きなことを知って、文筆で立つという決心をし、研究する場所としてフランスのランスを選んだ。おそらく当時フランスのほうが物価が安かったことや異郷へのあこがれなどからランスに決めたのであろう。

一七三四年の夏、ヒュームは、ブリストルを去ってフランスに向かい、パリに短期間滞在したのちランスに到着した。翌年ラフレーシに移って、『人性論』の執筆に専念した。ラフレーシは、静かな田舎町であり、かつてデカルトが学んだラフレーシ学院があった。ヒュームは、ここでイエズス会士と語り合う機会をもち、修道院で起こった奇跡について話し合った。このことがきっかけとなって、「奇跡について」が執筆された。

フランス滞在中の三年間、ヒュームは『人性論』の執筆に没頭した。こうして『人性論』の第一篇と第二篇がほぼできあがった。一七三七年秋、この原稿をもってロンドンに帰り、これを出版するためにかけずりまわった。だが、無名の新人の著書を引きうける出版社はなかなか見つからなかなかった。ヒュームは、出版社を探すあいだにも、この原稿に手を入れ、またある友人の忠告にしたがって、奇跡に関する章を、宗教家たちの憤激をひきおこすことをおそれて削除したりした。

一七三八年の秋、ついに奔走が実を結んでジョン‐ヌーン書店とのあいだに契約が成立した。その契約の内容は、一千部の初版の権利を出版社に委譲し、ヒュームが五〇ポンドの原稿料と一二部の本をうけとるというものであった。無名の新人の契約としては、かなりよいものであった。

『人性論』の刊行とヒュームの期待

一七三九年一月末、ヒュームの処女作である『人性論』(第一、第二篇)は、当時の慣例にしたがって匿名《とくめい》で出版された。ヒュームは、この著書には独創的な諸原理が含まれていると確信していたので、大きな反響が起こることを期待していた。『人性論』の出版直後、ある友人に宛てた手紙のなかに、ヒュームの微妙にゆれ動く気持ちが伝えられている。

「私の著書が公刊されてから、ちょうど二週間になります。……だが、この書が成功するかどうかは疑わしい。この書が長いあいだ売れないで残りはしないかと心配しています。あのような抽象的な問題を考えることに慣れている人びとは、通常偏見に満ちていますし、他方偏見のない人びとは形而上学的論究に慣れていません。私の説いた諸原理は、あの問題についての他の人びとの意見と著しく異なっています。それゆえ、私の諸原理が認められるようになるならば、それはおそらく哲学における全体的変革を生じることになるでしょう。けれども、あなたもご承知のように、この種の変革はなかなかもたらされないものです。」

この手紙には、一方では『人性論』のなかで説かれている諸原理が人びとに理解されないのではないかという不安がにじみでており、他方では爆発的な反響が起こることを期待している様子が示されていて興味深い。しかしながら、ヒュームの期待は完全に裏切られた。哲学者たちからも神学者たちからも目立った動きはみられなかった。この件について、「私の生涯」のなかでは、つぎのように語られている。

「いかなる著述の企ても、私の『人性論』ほど不運なものはなかった。それは『印刷機から死んで産れ』おちたのである。狂信家のあいだに、ささやきの一つを起こすような評判すら得られなかったのである。」（山崎正一訳）

この文章は、『人性論』が読まれることも注目されることもなかったということを意味するとしたら、事実に反するが、この書に注目した人が誰もこの書の革新的な趣旨について理解を示さなかったということを意味するとしたら正しいといえよう。いずれにしても、期待に胸をふくらませていたヒュームにとって、あまりにもみじめな結果であった。

だが、ヒュームはまだあきらめなかった。一七四〇年三月には、この書を紹介した『人性論摘要』を匿名で公刊し、最後の部分でつぎのように『人性論』を賞賛した。

「本書の全体を通じて、哲学における新しい発見であると主張する大いなる資格がある。だが、もし考案者という光栄ある名を著者に与えることができるとすれば、それは著者の哲学の大部分において用いられている観念連合の原理のゆえである。われわれの想像力は観念に対して絶大な権威をもっている。……これらの原理が人間本性の学において、いかに莫大な成果をもたらすかということを理解することは、むずかしいことではない。」

しかしながら、ヒュームの努力にもかかわらず、『人性論』の評価には何の変化もみられなかった。ついにヒューム自身が、後年には、この著書を見捨てるようになった。

ハチスンとの出会い

ヒュームは、『人性論』が期待したような反響をよび起こさなかったことにひどく落胆しつつ、一七三九年三月、故郷のナインウェルズに帰った。まもなく生まれつきの楽天的気質により、この打撃から立ち直って研究を続けた。このころ、かれは、グラスゴー大学の道徳哲学の教授であったフランシス゠ハチスンと知り合ったらしい。一七三九年九月のハチスン宛の書簡は、ヒュームがすでに『人性論』の「道徳篇」の草稿を送って批評を乞うたことを示している。

「あなたの批評のなかで私をもっとも驚かせたのは、徳のためのある温かさが欠けていると述べていることです。……精神を研究するには、身体を研究する場合と同様にさまざまなやり方があります。それは解剖家のやり方か画家のやり方かのどちらかです。解剖家のやり方は、その秘められた源泉や原理を発見しようとするものであり、画家のやり方は、その働きの優雅さと美を描写しようとするものです。私はこの二つの立場を結合することは無理だと思います。……しかしながら、解剖家は画家や彫塑家《ちょうそ》にきわめてよい忠告を与えることができます。同様に形而上学者は、人間学者《モラリスト》にきわめて有用でありうると、私は信じています。」

ヒュームは、この書簡のなかで、徳論の画家であるハチスンに対して、『人性論』(第三篇)では、徳論の解剖家たることを強調している。『人性論』(第三篇)は、一七四〇年一一月、ロンドンのロングマン書店から出版されたが、この書も反響をよび起こすことはできなかった。

そこでヒュームは、従来の著述方針を改めて、人びとが関心をもつ主題をとりあげ、それを軽妙な筆致で書くことにした。そして『人性論』の続篇のために書いた草稿をもとにして、政治・経済・社会に関する論文を書き、これを集めて一七四一年六月、『道徳政治論集』としてエディンバラのキンケイド書店から出版した。この著作は、好評を博し、翌年には第二版がだされ、その後も版を重ねた。

ヒュームは、『道徳政治論集』が好評をえたことから、『人性論』が成功しなかったのは、その内容よりもむしろ様式によると考え、『人性論』を通俗的なかたちで書き直そうと決心した。そして『人性論』の第一篇を書き改めて、一七四八年に『人間知性についての哲学的試論』として公刊した。この書は一七五八年に『人間知性研究』と改題された。

大学教授になりそこなう

『道徳政治論集』の成功によって、ヒュームは、『人性論』でうけた打撃から立ち直り、文筆にかかわる仕事で確実な収入のある仕事につきたいと思いながら、ナインウェルズで研究を続けていた。

一七四四年の夏、ヒュームに、エディンバラ大学の倫理学および精神学の教授にならないかという思いがけない話がもちこまれた。ヒュームは喜んでこの話に応じ、後任教授の候補者となった。最初話が順調にはこび、有望視されていたので、ヒューム自身も自分が任命されるだろうと楽観的に考えていた。

ところが、「ヒュームは異端者であり、懐疑論者であり、無神論者である」といった非難が関係者のあいだで交わされるようになった。ヒュームの友人のなかにさえ、「ヒュームはこの講座に適していない」と反対する者があった。ハチスンも反対したといわれている。一七四五年四月、フランシス゠ハチスンが後任教授に任命され、ついで六月にはウィリアム゠クレゴーンが正式の後任として任命された。

エディンバラ大学の教授になる話が進行していたころ、ヒュームは、アナンディル侯爵からかれの師として来てくれないかという手紙をうけとった。侯爵は、ハンサムで文学趣味のある青年で、ヒュームの『道徳政治論集』を読んで気に入り、かれを師として招く気になったらしい。当時侯爵には精神の異常がみられ、周囲の人びとは精神的看護を期待してヒュームを招いたともいわれている。

エディンバラ大学の教授になる話も難航し、就職口を探していたヒュームは、報酬が高いこともあって、この申し出を承諾し、一七四五年四月、ロンドンの北西二〇マイルにある侯の邸宅に入った。最初愉快に過ごしたらしいが、まもなく生活費などをめぐって、家事を切り廻していた後見人とのあいだに不和が生じた。ヒュームはわずか一二ヵ月滞在しただけでこの邸宅を去った。かれがアナンディル侯爵の邸宅に滞在中、かれの母キャサリンが亡くなった。

一七四六年五月、ヒュームがアナンディル侯爵の邸宅を去って、ロンドンに滞在していたとき、遠縁にあたるセント＝クレア中将から、仏領カナダへの遠征に随行しないかという思いもかけない招待をうけた。ヒュームは、喜んでこの招待に応じ、オーストリア継承戦争における遠征の一つに参加することになった。だが、遠征軍の出発が遅れてぐずぐずしているうちに、計画が変更になり、フランス沿岸の防備の手薄な地点に攻撃を加えただけで終わってしまった。

一七四八年一月には、クレア中将からウィーン・トリノにおもむく軍事使節団に副官として随行するように要請され、ヒュームはこの使節団に参加することになった。使節団の一行は、二月一六日、イギリスを出発し、最初オランダに行き、ついでケルン・フランクフルトなどを経由して、四月七日ウィーンに到着、ここに二週間ほど滞在し、それからチロルを通ってイタリアに入り、五月一一日トリノに到着した。

再び大学教授になれず　一七四九年の夏、ヒュームは、スコットランドにもどり、それ以後の約二年間、ナインウェルズの静寂さのなかで執筆にはげんだ。このころかれの思想が円熟しはじめ、執筆活動がきわめて旺盛であった。この時期に『自然宗教をめぐる対話』や『道徳原理研究』などが書かれた。

18世紀半ばのエディンバラ

一七五一年三月、兄ジョンが結婚したのを機に「文筆の士にとって真実の舞台」であるエディンバラに移って、姉とともに新しい生活を始めた。同年の暮、ヒュームに再び大学教授に就任しないかという話がもたらされた。それはグラスゴー大学の論理学の教授に関するものであった。ヒュームより一二歳年下のアダム=スミスがこの講座を担当していたが、道徳哲学の講座が空席になり、スミスがそこへ移ったために空席となったものであった。

ヒュームの友人たちが中心になって推薦し運動したが、かれには宗教上の立場から敵も多かった。今回もエディンバラ大学のときと同様に、無神論者であるとか懐疑論者であるとかといった非難によって大学教授になるというヒュームの希望は、またも実現しなかった。とくに保守派の聖職者からの反対意見が強かった。このときアダム=スミスは、まだヒュームと親密な間柄ではなかったけれども、ヒュームこそ適任者であると考えたが、周囲の人びとの意見がかれの意見と異なっていたため、多数意見にしたがったといわれている。

当時「無神論者」とか「懐疑論者」という言葉は、今日のわれわれには想像できないほどの厳しい非難を含んでいた。つぎの逸話は、無神論者とよばれたヒュームの人柄をよく示していて興味深い。

ヒュームの友人で建築家のロバート＝アダムが、家族とともにエディンバラで暮らしていたとき、かれの母は、つぎのように述べた。

「おまえの友人なら、誰でも喜んで夕食にお招きしましょう。だけど、あの無神論者のヒュームだけは、ここに連れてこないでほしい。」

そこでロバートは、一計を案じて、ヒュームを他の友人とともに夕食に招いて、別の名前で紹介した。客が帰ったあと、母はロバートにつぎのように言った。「とても感じのよい人びとですね。とくに私の隣に座った、大きくて陽気な方がいちばん素敵ね。」ロバートは、「お母さん、あの人がとても嫌っていた無神論者（ヒューム）ですよ」と告げた。

「そうだったの。あの人だったら、いつでも連れてきなさい。これまでお会いした方のなかで、あの人はいちばん無邪気で感じがよく愉快な方だから。」この逸話は、「無神論者」が一般の人びとにひどく恐れられていたことを示すとともに、ヒュームの人柄のよさが、その悪評を打ち破ったことを伝えている。

アダム＝スミスとの交友

ヒュームとアダム＝スミスとが晩年きわめて親しい友人関係にあったことは、後世よく知られている。二人はいつ知り合うようになり、いつ頃交友関係を深めていったのだろうか。かつてヒューム研究者のあいだでは、『人性論摘要』の著者はアダム＝スミスであると想定されていた。その根拠の一つは、一七四〇年三月、ヒュームがフランシス＝ハチスン宛の手紙のなかで、つぎのように述べていることにもとづいている。

「私の書店からスミス氏に私の書を一部お送りしました。スミス氏は、あなたの手紙とともにそれを受け取ったことと思います。スミス氏があの『人性論摘要』をどうされたか、私はまだ聞いていない。多分あなたはご存知のことでしょう。……」

またハチスンは、新刊書の概要をよく学生に書かせる習慣があった。若干のヒューム研究者は、これら二つの事実から、『人性論摘要』の著者は、当時ハチスン教授の指導をうけていたアダム＝スミスであると想定した。もしこの想定が正しいとするならば、ヒュームとスミスは、一七四〇年ごろ交友関係にあったことになる。しかし、一九三〇年に著名な経済学者であるケインズが原本を考証した結果、このスミス氏とは、ハチスンと懇意な関係にあった出版業者のジョン＝スミス氏であることが判明した。

ヒュームがスミスと個人的に知り合ったのは、一七四九年から五一年にかけてのエディンバラでの会合においてであったと推定される。当時スミスは、三回にわたって、文学、文芸批評、法学に関する公開講義を行っていた。他方ヒュームは、ナインウェルズに帰郷しており、ときどきエディンバラにでてきては貴族・聖職者・大学教授などと交際していた。ヒュームは、当時のエディンバラの文化運動の指導者であったヘンリー＝ホームかあるいはスミスと親しかったオズワルドを通じてスミスと知り合ったものと思われる。

ヒュームがスミスに宛てた手紙で、現存している最初のものは、一七五二年九月二四日付のものである。この手紙では、まだ懇意な間柄とは思われないが、スミスを研究上の相談相手として、つぎのように述べている。

「私もかつては、あなたの意見と同様に、イギリス史はヘンリー七世（在位一四八五〜一五〇九、テューダー朝最初の王）あたりから始めるのが最もよいと考えていました。しかし、当時の社会に起こった変化にはほとんどみるべきものはなく、その影響も数年におよぶということがありません。この点については、あなたも考慮してほしいと思います。……私は目下『道徳政治論集』の新版のための改訂をしています。付加するか削除したほうがよいと思われる箇所がありましたら、お教えいただけると幸いです。……」

これ以後、ヒュームとアダム＝スミスとの交友は、年毎に親しみを増して、二人は、よき理解者、よき相談相手として友情を深めてゆくのである。

『イングランド史』の執筆

グラスゴー大学の教授に就任するという話が、またも無神論者という非難によって粉砕された一七五二年のはじめ、ヒュームに新しい就職の話がもちこまれた。それはエディンバラ弁護士協会の図書館長にならないかというものであった。今度は友人たちの熱烈な推薦と支持があり、同年二月、ヒュームはエディンバラ弁護士協会の図書館長になることができた。俸給《ほうきゅう》は年額四〇ポンドで少なかったが、所蔵の蔵書数が約三万冊あり、これを利用できるという利点があった。ヒュームはこの就職について「私の生涯」のなかで、つぎのように述べている。

「一七五二年に、エディンバラの弁護士協会が私をその図書館長に選んだ。この職はほとんど俸給らしいものを与えなかったが、しかし、私は尨大《ぼうだい》な図書を自由にすることができた。そこで私はイングランドの歴史を書く計画を立てた。しかし、千七百年間にわたって叙述をしつづけるという考えにおそれをなして、私はステュアート家の即位から筆をおこした。」(山崎正一訳)

ヒュームは、ここで弁護士協会の図書館長になってから「イングランド史を書く計画を立てた」と述べているが、この記述は、他の資料とくいちがっており、信用できない。ヒュームの伝記研究の権威者であるモスナーは、『人性論』の第一篇の「緒言」において、将来道徳論、政治論、文芸批評を執筆すると述べていることに注目して、『人性論』の出版のときに歴史論を書くという意志が表明されていると解釈している。かれによれば、最初の執筆の試みは、アナンディル侯爵のもとに滞在していたときになされ、第二回の執筆の試みは、一七四九年トリノから帰国後なされた。したがって、図書館長に就任したことは、従来の計画を促進する役割を果たしたものであると、モスナーは主張している。

ヒュームは、モスナーの解釈のように、『人性論』を公刊したときに、ヒュームの人間学の体系に歴史論を含めていたといえよう(ヒュームの『イングランド史』の執筆の経過については、舟橋喜恵著『ヒュームと人間の科学』の第二章でくわしく論究されている)。またかれは、ウィーン・トリノへ随行する直前の一七四八年一月に、ある友人宛の手紙のなかで、「私は、円熟した年齢になったら、ある歴史を書こうという意図を長いあいだいだいてきました」と書き、さらにそのために多年にわたって研究し計画をねってきたことを付け加えている。したがって、ヒュームは、『人性論』の出版のときに、歴史論を書く意志をもっていたと解釈するほうが適切であろう。かれは、一七四八年に出版され、一七五八年に『人間知性研究』と改題された著書のなかで、歴史の効用について、つぎのように述べている。

「歴史の主要な効用は、あらゆる多様な事態と状況のなかにある人間を提示することによって、われわれが考察を進め、人間の行動や振舞の正常な源泉に精通するための資料を提供してくれることによって、人間本性の恒常的で普遍的な諸原理を見いだすことにほかならない。戦争や陰謀や党派争いや革命についての記録は、政治家や道徳哲学者が、それによってその科学の諸原理を確定する基《もと》となる非常に多くの経験した出来事の蒐集《しゅうしゅう》である。」

ヒュームは、このように、歴史の効用を人間本性の普遍的な諸原理の発見と把握している。この把握こそかれのイングランド史を「哲学的歴史」として特色づけるものであろう。

『イングランド史』の刊行

ヒュームは、エディンバラ弁護士協会の図書館長に就任し、その蔵書を利用して『イングランド史』の執筆に専念した。一七五四年秋、『グレイト‐ブリテン史第一巻——ジェイムズ一世とチャールズ一世の治世』が出版された。ヒュームは、この著書

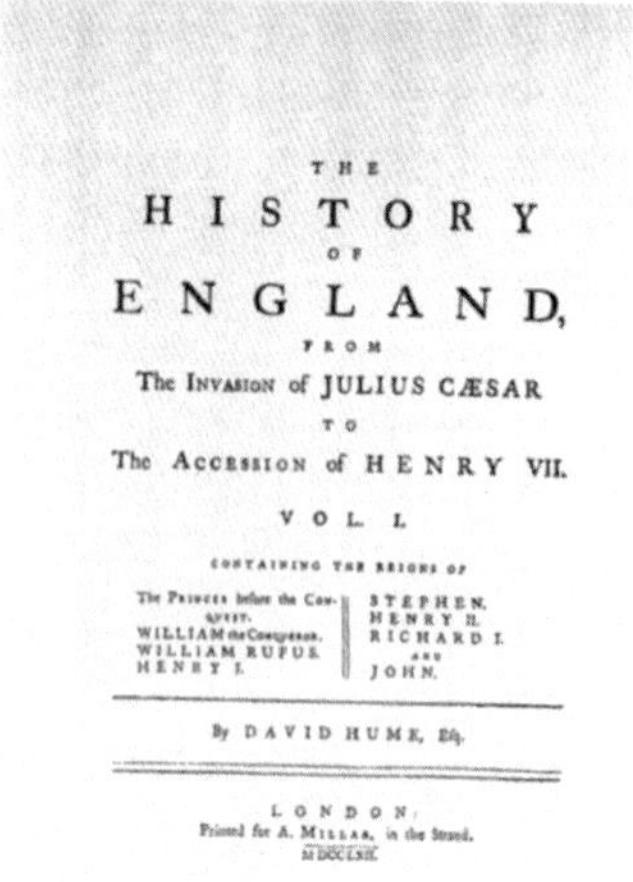

『イングランド史』の扉

の成功に自信をもっていた。だが、今度もその期待は裏切られ、さまざまな党派の人びとから非難と叱責《しっせき》をあびせられた。かれは、「私の生涯」のなかで、そのときの様子を、つぎのように述べている。

「打ちあけていうが、私は自信をもってこの著作の成功を期待していたのである。現代の権力・関心・権威を、さらに民衆の偏見からくる叫びを、すべて無視した唯一の歴史家であると私は自分で考えた。また主題が誰にも受けいれられるに適しているものであるから、それにふさわしい賞賛を私は期待したのである。ところが哀れにも、私の期待ははずれてしまった。非難、叱責、それのみならず、さらに憎悪すらこめた声で、一せいに私は攻め立てられた。イングランド人もスコットランド人もアイルランド人も、ウィッグもトーリーも、国教徒も分離派も、自由思想家も狂信家も、愛国派も宮廷派も、すべてのものが一致して、チャールズ一世とストラッフォード伯の運命に、あえて大胆にも雅量ある涙を注ぐのを惜まなかった一人の人間に向かって憤激したのであった。そうしてかれらの憤激の最初の沸騰がすぎ去ったのち、なおさら無念なことには、書物が世間から忘れ去られてしまったように思われたことだ。」(山崎正一訳)

さらにヒュームは、ミラー氏からの報告として、ロンドンでは一二ヵ月のあいだにわずか四五部しか売れなかったという事実を述べて憤慨している。このように、『グレイト-ブリテン史第一巻』は、出版直後どこでも評判が悪かった。ヒュームは、その不評にがっかりして、一時はフランスのどこかに隠棲《いんせい》しようと考えたが、当時イギリスとフランスとは敵対関係にあったため、その計画を実行することはできなかった。

だが、この著書が出版当初多くの非難や攻撃にさらされたということは、かなりの人がこの書を読んだということを含意している。実際、この著作は、最初イングランドでは売れ行きがきわめて悪かったらしいが、エディンバラでは、売れ行きはよかったようで、一七五四年一二月の手紙のなかで、「当地ではかなりよく売れており、五週間に四五〇部ほど売れた」とヒューム自身が書いているほどである。

一七五六年、『グレイト-ブリテン史第二巻――コモンウェルスおよびチャールズ二世とジェイムズ二世の治世』が出版された。この著書は、比較的評判がよく、そのおかげで、第一巻も売れだした。一七五九年には『イングランド史第三巻』と『イングランド史第四巻』が出版された。「グレイト-ブリテン」という名が表題に用いられたのは、最初の二巻だけで、全六巻がそろったとき、「グレイト-ブリテン」の名は消えて『イングランド史』に統一された。

『イングランド史』は、さまざまな非難をうけながらもよく読まれるようになり、出版からほぼ四分の三世紀の間、大衆的人気を保ち続けた。そして標準的な歴史書として普及し、版を重ねた。

「きわめて法外な栄誉を」

一七五九年に、ヒュームが『イングランド史』の第三・第四巻を出版したとき、第一巻を出版したときと同じような騒ぎがもちあがった。しかし、今度はヒュームは、その騒ぎに驚いたり落胆したりすることなく、エディンバラでイングランド史のもっと初期の部分をまとめる仕事に専念していた。

ところが、一七六三年六月、ハートフォード卿コンウェイから、卿が大使としてパリへ行くのに秘書として随行しないかという招請をうけた。ヒュームは、この申し出を一度は辞退したが、再度の要請をうけて引きうけることにした。同年八月、かれは、ナインウェルズを立ち、ロンドンに数週間滞在したのち、フランス駐在イギリス大使であるハートフォード卿の一行とともにパリに向かった。この仕事を引きうけたいきさつについて、ヒュームは、「私の生涯」のなかで、つぎのように述べている。

「私は、二度と足を外へ踏みだすまいと心にきめて、スコットランドの故郷に引っこんだ。いかなる名士にもなんの懇請を求めず、またその何人の友情にも取り入ろうとすらしなかったということをみずからに満足に思った。すでに五〇の坂にかかったとき、私はこうした哲学者風のあり方で、私の余生を過ごそうと考えた。そのとき一七六三年のことだが、私の少しの知り合いでもなかったハートフォード卿から、パリへ卿が大使としておもむくのに際し随行しないか、との招請をうけた。」（山崎正一訳）

ヒュームが、最初この申し出を辞退したのは、身分の高い人間と交際するのが嫌だったからであり、またパリの社交界がかれには耐えられないと思ったからであった。しかし、再度の招請をうけて、若いときからあこがれていたパリに行くことになった。

一七六三年一〇月、ハートフォード卿の一行はパリに到着した。当時ヒュームの名は、『政治経済論集』や『イングランド史』などによって大陸でも知られるようになっていた。それだけに、ヒュームは、パリに到着するや否や、パリの社交界で大変な歓迎をうけた。かれの文学的名声は、予想した以上に高められ、宮廷でもサロンでも文壇でも、人びとがこぞって賛辞を与えるという有様であった。ヒュームは、途方もない歓迎ぶりに驚きながら、そのときの心境を、一〇月二八日付のアダム=スミス宛の手紙のなかで、つぎのように語っている。

「私はパリで三日、フォンテーヌブロウで二日過ごした。いたるところで、途方もない虚栄心が望みうるような、きわめて法外な栄誉をうけた。フランスの公爵や元帥や外国大使の賛辞も、今の私には役に立たない。というのは、私は、高貴な婦人たちからたまわる追従《ついしょう》以外のものを好まない。私がポンパドゥル侯爵夫人にはじめて紹介されたとき、まわりにいた宮廷の人びとはすべて、夫人は他の誰に対してもこれほど多くの丁重な御言葉をかけたことが決してなかったということを私に保証してくれた。」

社交界におけるこのような歓迎ぶりは、数ヵ月にわたって続き、かれの感激も静まらなかった。ヒュームは、社交界で多くの人びとの追従をこうむり、パリ社交界の中心人物になったような気分であったらしい。愉快で楽しい日々であった。招待につぐ招待をうけ、著名人や高貴な婦人との交わりを重ねた。この時期に、ヒュームは、ダランベールやテュルゴ、エルヴェシウス、ディドロなどと会い、話し合った。

ブフレル伯爵夫人への恋慕　一七六四年、ヒュームは、パリの生活にも慣れてきたが、まだ大使の秘書官として正式に任命されないこともあり、あせりを感じていた。この時期に、知人として交際を続けていたブフレル伯爵夫人への思いが内面化して、かれは、夫人に対して熱烈な恋愛感情をいだくにいたった。

ブフレル伯爵夫人（左）

ヒュームとブフレル伯爵夫人との交友は、最初文通から始まった。一七六一年春、イギリス崇拝熱にかかっていた伯爵夫人は、『イングランド史』を読んで感銘し、ヒュームの才能と人物に対して賛辞を述べた手紙を送った。これを契機に約二年半断続的にではあるが文通が交わされた。そして一七六三年、二人はパリではじめて会った。そのときヒュームは五二歳、ブフレル伯爵夫人は三八歳であった。

夫人は、優美でほっそりしたタイプの、顔立ちの整った黒髪の女性であった。三八歳にもかかわらず、その肌の色は、二十娘の若々しさを保っていたといわれる。その容姿がとても上品で魅力的であり、また学芸に通じており、パリ社交界における名流婦人の一人であった。他方、ヒュームは、肥満体で野暮ったさのとれない五十男であった。

二人の関係が最初どのようなものであったかについては、よくわからないが、単なる知人としての交際であったらしい。しかし、翌年の夏になると、ヒュームの夫人に対する気持ちは、熱い恋に変わっていった。一七六四年七月、ヒュームは、ブフレル伯爵夫人への手紙のなかで、かれのせつない慕情を訴えている。

「私たちはコムピエーニュで隠棲したように淋しく暮らしています。少なくとも、私はそうなのです。宮廷での知り合いはごくわずかですし、また多くの知人を求める気にもなれず、私はほとんど完全に引きこもって研究に没頭しています。……なぜ私はあなたの近くにいないのか、もし近くにいたら、一日のうち半時間でも会うことができ、このような話題について話し合うことができたのに。とても残念です。……」

このように、ヒュームは、ブフレル伯爵夫人を恋い慕うようになった。だが、伯爵夫人のほうでは、かれをイギリスの著名人ぐらいにしか考えていなかったようで、ヒュームの熱い言葉に対して誠意をもって答える気持ちは毛頭なかった。そのころ、ヒュームの友人の一人が、パリに来てかれが伯爵夫人にすっかり心を奪われていることを知り、帰国の途中で手紙を書いてヒュームに警告した。しかし、恋に盲目になっていたかれは、返信のなかではげしく抗議するといった有様であった。

ところが、一七六四年一〇月、ブフレル伯爵が亡くなると同時に、事態は急転した。伯爵夫人は、夫の死を悲しむどころか、未亡人になったとたん、かつての恋人コンティ公と結婚することを真剣に考えるようになった。そして以前に愛を感じているような手紙を書いた相手であるヒュームに、コンティ公との取持役を頼んだのである。ヒュームは、驚くとともに、自分の恋が相思相愛でなかったことを知り、彼女の魅力からときはなされた。その後、再び彼女の魅力のとりこにならないために、彼女に近づかないように努めたらしい。また伯爵夫人もコンティ公と結婚することはできなかった。

ルソーとの出会い

ヒュームとフランスの偉大な思想家、ジャン＝ジャック＝ルソーとの交友は、文通から始まった。一七六二年夏、ヒュームは、ブフレル伯爵夫人から、ルソーが逮捕を逃れて、イギリスに向かっているらしいのでかれの友となって避難所を探して助けてほしいという手紙をうけ取った。当時エディンバラに滞在していたヒュームは、ルソーの危難に大変同情し、ロンドンの友人にあらゆる手段をつくして、ルソーを助けるように、との連絡をとった。そして一七六二年七月二日、是非ロンドンに迎えたいという趣旨の手紙をルソー宛にだした。だが、このときルソーは、プロシア領のニューシャテルに滞在していた関係上、その手紙は長いあいだかれのもとに届かなかった。ルソーがヒュームに返信を送ったのは、翌年の二月のことであった。この手紙は、ロンドンに迎えたいというヒュームの好意に対して丁重に御礼を述べたものである。

この手紙の往復以来、ヒュームとルソーのあいだには何事もなく二年以上の月日が過ぎた。一七

ルソーと握手する
ヒューム

六五年七月、ヒュームは、正式に秘書官となり、ハートフォード卿がアイルランド総督に任命されてパリを去ると、新任の大使が一〇月にパリに到着するまで、代理大使として活躍した。

このころルソーをイギリスで保護する計画をヒュームに再び勧めたのは、ヴェルドゥラン夫人であった。彼女は、この夏、モティエ-トラヴェルにルソーを訪ね、かれが周囲の人びとから孤立しているのを知り、ヒュームの援助のもとにイギリスに移住するようにと勧めた。ルソーは、この話をことわったが、ヴェルドゥラン夫人は、パリに帰ると勝手にヒュームに連絡をとった。ヒュームは、即座にこの話を承諾してロンドンでの住宅を友人に探させるとともに、ルソーに手紙を書いて、ロンドンに来てほしいという申し出をうけ入れて早く出発するように、と要請した。ルソーは、この手紙をシュトラースブルクで読み、五、六日のうちにこの地を出発して、ヒュームに自分の身をゆだねたいという返信を送った。

一七六五年一二月一六日、ルソーは、パリに到着しコンティ公の保護のもとに入った。ここでヒュームとルソーとは、はじめて会見したのである。当時ヒュームが五四歳、ルソーが五三歳であった。ヒュームは、会ったとたんたちまちルソーの魅力に幻惑されて、そのとりことなり、かれを自分の「愛弟子」(pupil)とよんで心から信頼するにいたった。

ヒュームの友人のなかには、ルソーを「スイスの山《やま》師《し》」とよんで警戒する人もいた。たとえば、ヒュームがルソーを連れてイギリスに向かうまえに、ドルバック男爵のところに挨拶《あいさつ》に行って、ルソーのことをほめたとき、男爵は、ヒュームがルソーという人間についてよくわかっていないことを指摘し、自分の懐《ふところ》のなかにまむしをあたためているようなものだと警告した。しかし、ヒュームには、そのような警告はとても信じられなかった。

嵐の前

一七六六年一月四日、ヒュームは、ルソーとその友人とともに二台の馬車でパリを出発した。途中のある宿泊所で、ルソーは、ヒュームが夢でうなされて「ぼくはジャン＝ジャックをつかまえた」と叫んだのを聞いた。この言葉は、のちにルソーによって「裏切者ヒューム」の意図を示すものとして取りあげられることになる。

一月一三日、一行はロンドンに到着し、ヒュームがいつも泊っていた宿に行ったところ、まったくの偶然であったが、ルソーが自分の敵対者とみなしていた有名な医者の息子がそこに宿泊していた。ルソーは、被害妄想の気質から、これを自分を侮辱《ぶじょく》するために仕組まれた一芝居であると思いこみ、宿の女主人と喧嘩《けんか》してしまった。ヒュームは、宿泊所をバッキンガム街に移すことで、この騒ぎをおさめた。

ルソーは、ロンドンに到着してから大変な歓迎をうけた。ヒュームは、パリの社交界では大変もてはやされたが、ロンドンでは、デイヴィド＝ヒュームにすぎなかった。イギリスの著名人がぞくぞくとルソーに会うためにやってきた。また新聞は、ルソーの日常生活を報道して、その人気をあおっていた。ルソーの犬が見えなくなると、そのことが翌朝の新聞で報じられ、ヒュームがその犬を見つけると、それがまた新聞に報道されるといった有様であった。ヒュームとルソーとの交友は、まもなく始まる二人のすさまじい衝突の原因となるものが生じてはいたが、まだ善意と信頼に満ちたものであった。

ヒュームはルソーが都会生活を嫌ったことから、田舎に住宅を探した結果、北スタッフォード州のウーットンに住宅を見つけることができた。一七六六年三月、ルソーは、あとから追いついた事実上の妻であったテレーズとともにウーットンに向かうことになった。このときヒュームの友人がルソーの旅費を安くしようとして自分で馬車を一台雇うことにし、善意からルソーに嘘をついた。ルソーは、この嘘を見破ってヒュームに対して疑惑と不満を述べた。そこでヒュームは、そのことについては何も知らないが、お望みなら、友人に問い合わせてみようと答えた。ルソーは、そんな必要はないと言ったきり、不機嫌に黙りこんでしまった。ヒュームがなだめても、ルソーの返答はそっけなく冷たかった。

二人のあいだに、気まずい雰囲気がただよった。ほぼ一時間この状態が続いたあとで、ルソーは、突然立ち上がり、ヒュームの膝に身を投げかけた。両手でかれの首をまき、熱烈に口づけをしてから、「こんな馬鹿なことを言って申しわけない。私はあなたを愛し尊敬している。」と涙を流しつつ叫ぶのであった。ルソーのこのような態度に、ヒュームも感激して、ルソーに口づけを与え、二〇回も抱擁をくりかえしたといわれる。五四歳のヒュームと、五三歳のルソーが、口づけを交わしつつ、涙を流して抱き合っている姿は、何ともグロテスクな情景としか言いようがない。この情景のなかに、猜疑心《さいぎしん》が強く熱狂的に感情を爆発させるルソーと、かれの奇怪な行動をすぐ善意に解釈して感激してしまうヒュームとの気質のちがいを読みとることもできよう。

ルソーは、テレーズとともに自然美に恵まれたウーットンに到着した。最初は何もかも珍しく、とりわけ岩石や渓流や森などが二人を喜ばせた。一七六六年三月、ルソーは、この住居を捜してくれたヒュームに感謝にあふれる手紙をだしている。

フリードリヒの偽書簡　ところが、突然二人の関係を引き裂くきっかけとなる事件がもちあがった。一七六六年四月、「セント-ジェイムズ-クロニクル」誌に、ルソーを誹謗《ひぼう》している「フリードリヒの偽書簡」が掲載された。それは、ただちにロンドンの二つの新聞に転載された。この偽書簡は、ヒュームの友人であったホレース＝ウォルポールによって作成され、エルヴェシウスなどが仏文の誤りを訂正したものであった。まもなくヒュームは、この書簡の本当の作成者がウォルポールであることを知り、ブフレル伯爵夫人への手紙のなかで、ウォルポールに対して少し怒りを感じていると述べたが、これはたいした事件ではないと判断していた。

だがルソーは、この書簡を読んで、ヴォルテールが作成したもので、ヒュームもこれに加担していると確信するにいたった。そして早速「セント-ジェイムズ-クロニクル」誌に反駁《はんばく》文を送り、掲載された。かれは、この反駁文のなかで、この書簡がいかさま師によってパリで偽造されたものであるとし、このいかさま師の同類がイギリスにもいることを示唆した。

ヒュームは、この記事を読んで大変驚いたが、「イギリスにもいるいかさま師」という句が自分のことを意味しているとは、想像すらしなかった。この反駁文が大きな反響をひきおこしたので、「セントージェイムズークロニクル」誌は、引き続いてこの問題をとりあげてあおり続けた。そのあいだにルソーを弁護した一文も掲載されたが、ほとんどの掲載文は、ルソーをからかい、なぶりものにするものであった。

ルソーは、このような事態の進展にいらだち感情を高ぶらせていた。またテレーズも、生活上のこまごました不満を述べてイギリスでの生活に対して嫌悪感をあらわにしていた。ルソーは、もともと被害妄想の傾向があるだけに、周囲のあらゆる人びとが自分をおとし入れる陰謀をたくらんでいると思いはじめ、この陰謀の首領が誰であるかを推察しはじめた。そして表面的にはもっとも善良で親切なヒュームこそ、その首領であるという結論をくだした。

他方、ヒュームは、ルソーの言動が不可解なことに気づいていたが、まさかかれの怒りが自分に集中しつつあるとは夢にも疑わず、一七六六年の五月一七日、六月一九日、六月二一日とルソーに手紙を書いて、国王より年金をうけとる件やウォルポールが書いた「フリードリヒの偽書簡」の件などについて、返答を求めた。しかし、返事は来なかった。このことから、ヒュームは、ルソーが何か疑念をいだいているのではないかと感じはじめていた。その予感は適中していた。

「裏切者」と「悪魔」

一七六六年六月二三日、ヒュームが待ち続けていたルソーの手紙が届いた。だが、その手紙は、ヒュームにとっては、まったく想像もしなかったような内容であった。

「貴兄、私の沈黙を、あなたの胸に手をおいてお考えくださるなら、それが何であるか、はっきりとあなたにはおわかりのことと存じます。しかし、あえてわからないなどと仰しゃっていられるのだから、申し上げることにしましょう。あなたは正体をかくしていらっしゃるのだ。あなたの正体は私にはわかっている。……あなたは私をイギリスに連れてきて下さった。うわべでは私に避難所を御斡旋《あっせん》下さるために、まことは私を不名誉な目にあわせるために。……私は涙にあふれてあなたを抱擁しつつ申し上げました。あなたは、一番よい人だ、でないとすれば、あなたは一番腹黒い人なのだ、と。あなたのひそやかな御行動を御反省下さるなら、あなたが一番よい人でないことは、あなたご自身にも告白せざるをえないものがありましょう。……あなたが仮面をつけてこの件について為し下さった御斡旋の労に対しましては、私は貴方に御礼申し上げます。そうして今後ご無用に願いあげます。……永久にさようなら。貴兄、私はあなたの真実の御幸福を祈ります。しかし、私たちはこれ以上、もはやお互いに語を交わすべきではないのでありますから、これが、私からあなたへの最後の手紙となるものです。」（山崎正一訳『悪魔と裏切者』、河出書房新社）

この手紙は、ルソーの宣戦布告であった。ヒュームは、この手紙を読んで天地をゆるがすような衝撃をうけた。それと同時に、ルソーの身勝手さにはげしい怒りをおぼえた。ある友人への手紙のなかで、ルソーのことを「途方もない恩知らず、狂暴さ、狂乱」とよんでいる。しかしながら、ヒュームは、同年六月二六日に宣戦布告に対する返事を発送している。

「あなたに対して、私は今まで最も友愛にみちた役割を演じ、最もやさしさにあふれ、最もいきいきせる誠意の証しを示してきたものと思っているのでありますから、あなたの御手紙を拝読して私がどんなに驚いたか、あなたにもおわかりのことと存じます。……私があなたに対して不実であったということを、私自身がよく知っているのだとあなたは申されています。しかし、私ははっきりと申します、また全世界に対しても申しましょう、私の知っているのはまるで正反対のことだと。あなたに対する私の友愛の情は限りなく絶ゆることなきものであったことを自分は認めると。……何があなたを怒らせたのであるか、おっしゃって下さい。何で私が責められなければならぬのか、おっしゃって下さい。誰が私に言いがかりをつけたのか、おっしゃって下さい。……」（山崎正一訳『悪魔と裏切者』）

ヒュームは、このように、怒りをおさえ、比較的冷静な調子で返事を書いている。そして自分が潔白であることを表明し、白黒の決着をつけようとする決然とした態度を示している。さらにルソーとのあいだの一切の経過を、往復書簡を中心にして一つのパンフレットにまとめて公表しようと考えた。アダム＝スミスやドルバックなどは、ヒュームをなぐさめるとともに、書簡の公表を思いとどまるように手紙で忠告した。

野蛮人ルソー

ところで、ルソーはヒュームのこの手紙をうけ取った。そしてかれを「裏切者」とみなす根拠を具体的に列挙した長文の手紙を、一七六六年七月一〇日にウーットンより送った。ルソーは、その手紙のなかで、かれらがパリを出発した最初の夜、ヒュームが「ジャン＝ジャックをつかまえた」と叫んだこと、「フリードリヒの偽書簡」を公刊したのがヒュームの友人であるウォルポールであったこと、ロンドンの宿泊所に行ったとき、敵対者の息子が滞在していたことなどを、裏切り行為の根拠としてあげた。ヒュームは、この手紙を読んで「まったくの狂気の沙汰」とみなし、ルソーの嘘のつき方には「悪魔」のごときものがあることを感じた。ここにいたって、かれは、ルソーとのあいだの往復書簡の経緯をかれの友人たちに知らせた。そして二人のあいだの争いの記録を集め、同年一〇月「ヒューム氏とルソー氏とのあいだに起こった争いに関する簡単な報告」を公刊した。これは、一ヵ月後に英訳された。

一七六七年五月一日、ルソーは、突然テレーズを連れてウーットンを去り、五月の終わりにフランスに帰った。ヒュームとルソーとの争いは、これを機にともにやり過ぎを後悔したこともあって、次第におさまった。二人の偉大な哲学者がなぜこのような醜い争いをし、お互いに「悪魔」とか「裏切者」とかいう悪口をあびせて別れなければならなかったのであろうか。この不幸な事件は、ヒュームの側からみれば、ルソーの被害妄想が生みだしたものといえよう。だが、ヒュームが「私の生涯」のなかで、この事件についてまったく言及していないことをみても、かれ自身にとってきわめて不愉快な事件であったことはまちがいない。

国務次官就任とエディンバラ隠棲　一七六六年八月末、ルソーに絶交を宣言され、不愉快な二ヵ月を過ごしたのち、ヒュームは、読書や執筆活動に専念する目的でエディンバラに帰った。ところが、数ヵ月後、ハートフォード卿から、卿の弟のコンウェイ将軍が北部担当の国務大臣となるので、国務次官に就任してほしいと懇請された。ヒュームは、エディンバラで書物を読んだり、親しい友人と交際したいと思っていたが、ハートフォード卿の懇請ではことわるわけにゆかず、翌年二月、ロンドンにもどって国務次官の仕事についた。

当時国務大臣は二名おり、一人は、フランス・イタリア・アメリカなどの南部を担当し、他の一人は、オーストリア・ドイツ・ロシア・スコットランドなどの北部を担当していた。ヒュームは、コンウェイ将軍のもとで北部を担当した。かれは午前中官庁で外交問題などの仕事を処理したが、それほど忙しくなかったようで快適な日々を過ごした。一七六八年一月、コンウェイ将軍が職を退くとともに、かれも国務次官を辞任した。その後一年半ほどロンドンに滞在した。このころブフレル伯爵夫人から、パリに来て余生を送るようにと勧められたが、これをことわって、一七六九年八月、エディンバラに帰った。

ヒュームは、きわめて裕福になり、健康にも恵まれて、エディンバラで悠然《ゆうぜん》と快適な日々を過ごすことができた。また新しく創設された新市街に自分の家を新築し、一七七一年春、新居に移った。そこは新しい友人たちとの社交の場所となった。新居は、セント-アンドリュズ-スクエアの南西の隅に位置していた。その場所は「セント-デイヴィド通り」とよばれるようになったが、その由来として、つぎのような話が伝えられている。

若くてユーモアのセンスのある婦人が、ヒュームの新居の壁にチョークで「セント-デイヴィド-ストリート」と落書した。それを見つけた召使の知らせに、戸外でそれを眺《なが》めていたヒュームは、落書を消そうとする召使を止めて、つぎのように言った。「放っておきなさい。以前から多くの立派な人が聖人にされてきたんだから」。この落書が評判になって「セント-デイヴィド通り」とよばれるようになった。

ヒュームは、エディンバラの新居で読書と交友に楽しい日々を過ごすことができた。このころの心境を、一七七二年一月のブフレル伯爵夫人宛の手紙のなかで、つぎのように語っている。

「私に関していえば、二度と世間に登場しないという決心をして、私は世間からまったく隠退して暮しています。この意向は、不満からではなくて、満ち足りていることから来ています。私が現在考えていることは、——坐って考え、そして安らかに死ぬ——ということだけです。私のような年配の人間が、これ以外のどのようなことを考えることができましょう。」

しかしながら、ヒュームの晩年にも、エディンバラでの平穏を妨げる事件が起こった。それは、一七七〇年にジェイムズ＝ビーティ（一七三五～一八〇三、スコットランドの哲学者、詩人。常識哲学の立場からヒュームの懐疑論に反対した）が『真理の本性と不易に関する論』を出版して好評を博したことである。ビーティは、この書のなかで、ヒュームを信仰の破壊者であるとして憎悪感をもってはげしく攻撃した。ヒュームは、この攻撃によってひどく傷つけられたが、いつものように黙して答えなかった。ビーティのこの著書は、イングランドでは大変な評判となり、一七七六年までに五版を重ねた。このように、ヒュームは、晩年においても「信仰の破壊者」「無神論者」という非難に苦しまなければならなかった。

死に直面して

ヒュームは、一七七二年ごろから、身体の衰弱と不調を感じていたが、一七七五年になると、高熱、激しい下痢、出血などの症状が現れた。かれは、その病気が母のものと同じであることを知り、不治の病いであることを自覚した。かれの病気は大腸癌であった。だが、ヒュームは、少しもうろたえることなく、ストア的平静さで近づいてくる死を見つめていた。「私の生涯」のなかで、この時期の心境がつぎのように述べられている。

「一七七五年の春に、私は内臓の疾患におかされた。はじめは少しも驚かなかったのであるが、

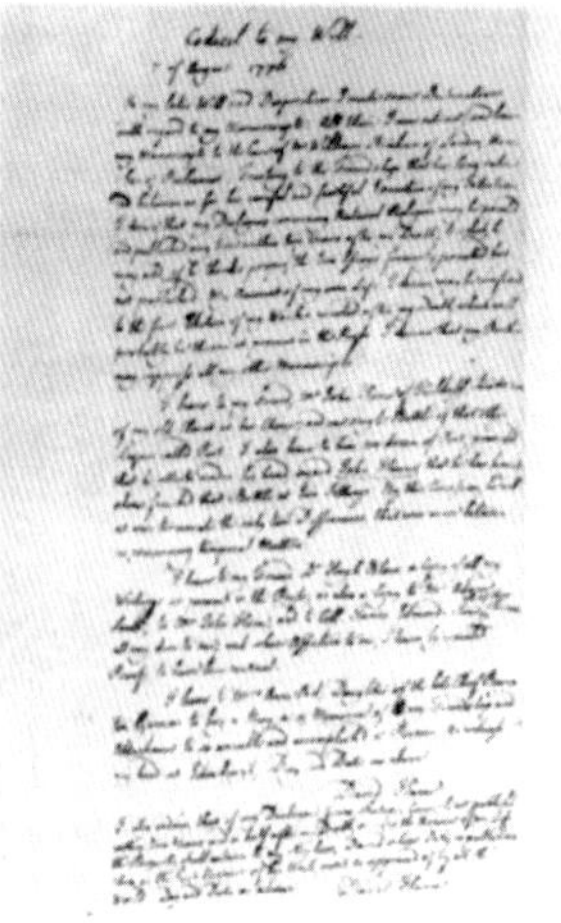

ヒュームの遺言補足書

以来それは致命的なものとなり不治のものとなってきたものと、私は思っている。現在の私は、すみやかに死にゆくことを待ち設けている。病気から私がうける苦痛はきわめてわずかなものである。しかもなお不思議なことには、私のからだが非常に衰弱しているにもかかわらず、私の精神が一瞬のあいだといえども衰えをみせていないことである。私がもう一度すごしてみたいと一番望む生涯の時期を名ざしてみよといわれるならば、私は現在の晩年の時期をあげたいと思うくらいである。」（山崎正一訳）

ヒュームは、このように、晩年を人生の最もよい時期とみなし、近づいてくる死を淡々と迎える態度を表明している。一七七六年一月、かれは死期が近づいたことを意識して遺言状を書いた。そのなかで遺産の主な部分を兄に、一部を姉に残すことにし、さらにダランベール、アダム＝ファーガスン、アダム＝スミスに二〇〇ポンド遺贈することなどを記した。またスミスには、遺稿の一切を託し、『自然宗教をめぐる対話』の出版を依頼した。しかし、スミスはこの著書の出版を望まなかった。そこでヒュームは、八月七日に遺言に追加して、『自然宗教をめぐる対話』が死後二年以内に公刊されない場合には、その所有権は甥のデイヴィドに属することとし、その出版を甥に委託した。

一七七六年四月、死期の近いことを感じたヒュームは、「私の生涯」と題する自叙伝を書いた。このころ、かれが出版を待っていた二冊の著書が公刊された。ギボンの『ローマ帝国衰亡史』とアダム＝スミスの『国富論』であった。ヒュームは、ギボンの著書に高い評価を与えるとともにスミスの著書の公刊を心から祝して手紙を送っている。また同年七月四日、ジェファソンらの起草したアメリカの「独立宣言」がフィラデルフィアで発表された。

同年八月二五日、午後四時ごろ、ヒュームは安らかに永眠した。享年六五歳であった。アダム＝スミスは、親友であるヒュームについて、一七七六年一月、ストラーハン宛の手紙のなかで、つぎのように述べている。

「こうして、私たちの最もすぐれた、決して忘れることのできない友は死去しました。かれの哲学的見解については、人びとは疑いもなくさまざまに判断することでしょう。各人は、自分の見解と一致するかしないかにしたがって、ヒュームの見解を是認したり非難したりするでしょう。しかし、かれの人柄と行為については、見解の相違はほとんどありえません。かれの気質は、もし私の表現が許されるならば、私が知っている他の誰よりも、はるかによくバランスがとれていたように思われます。……概していえば、私は、ヒュームを、その生涯においてもその死後においても、つねに人間としての弱さはともあれ、完全に賢明にして有徳な人間という観念に最も近い人物と考えております。」

II　ヒュームの思想

ヒュームは、あらゆる学問が多かれ少なかれ人間本性に関係しているとし、この人間本性を経験と観察にもとづいて解明し、この人間本性の学（人間学あるいは人間の科学ともよばれる）を基礎学として諸学の完全な体系を構築しようとした。それだけにヒュームの思想は、その範囲がきわめて広く、哲学、道徳論、宗教論、政治論、歴史論のみならず経済思想、社会思想などにおよんでいる。

ヒュームの思想は、処女作であり哲学上の主著である『人性論』において、その基本的立場と諸学問の体系についての構想が述べられている。ヒュームの『人性論』は、書名そのものがホッブズの小著『人間本性』から示唆をうけたように思われる。それゆえ、ヒュームは、水田洋氏（「『人間本性論』の市民社会像」『経済研究』第28巻、第一号）が指摘するように、『人性論』において、ホッブズが提起した近代社会思想の根本問題、すなわち、「個人の自己保存活動の総体が平和な社会秩序となることがいかにして可能であるかという問題」に答えようとしていた。だが、この問題について『人性論』では個別的に言及するにとどまり、体系的には展開しなかった。そのことが、哲学的にはイギリス経験論をその論理的帰結にまで推し進めた急進的懐疑論者、政治的にはトーリー的保守主義などといった多様な解釈を可能にしたのであろう。

したがって、このようなヒューム解釈の混乱をのりこえるには、水田洋氏が指摘しているように、原点としての『人性論』にたちかえり、この著作が諸学問の完全な体系の論理的根拠づけとして書かれたことを確認することが必要である。

ヒュームは、『人性論』で、諸学問の完全な体系をめざし、その基礎として人間本性の解明を試みたのである。それゆえ、かれの担った課題は、人間本性論を前提にして、そのうえに社会科学の体系を樹立することであった。ヒュームの社会科学の体系は、道徳論、政治論、経済論、歴史論などをその構成部分としてもつ、一つの市民社会論である。

ヒュームの市民社会論は、つぎのような三つの段階をへて展開されたとみなすことができる（田中敏弘著『イギリス経済思想史研究』97～98頁参照）。第一段階は、『人性論』を中心とし、一七四〇年までの時期である。第二段階は、一七四一年から四二年にかけて出版された『道徳政治論集』を中心とし、一七五二年の『政治経済論集』公刊までの時期である。第三段階は、『政治経済論集』を起点とし、一七六二年に『イングランド史』が完了するまでの時期である。この段階において、ヒュームの市民社会論は、政治・経済分析と歴史分析とが結合され確立した形をとるにいたったと考えることができる。

生涯編で述べたように、『人性論』（第一篇と第二篇を含む）は、一七三九年一月に匿名で出版され、『人性論』の第三篇は、翌年の一一月に出版された。しかし、期待したような反響は起こらなかった。その後、ヒュームの努力にもかかわらず、『人性論』の評価はよくならなかった。そのために後年には、ヒューム自身が『人性論』そのものを抹殺する態度をとるにいたった。

しかし、今日では『人性論』がヒュームの最も重要な著書であることを疑う研究者はいない。ヒュームの思想を知るには、まず最初に『人性論』が読まれなければならないといわれるゆえんである。

私は、本書で『人性論』の内容を紹介することに力点をおき、そのあとでヒュームの宗教論をとりあげた。だが、ヒュームの宗教論は難解で、主な著作の内容の紹介にとどまらざるをえなかった。ヒュームの政治思想と経済思想とは、私の専門外の領域に属することであり、わが国の卓越した研究者の業績をよりどころにしてまとめた。

なお、ヒュームは、大英図書館のカタログに歴史家として記載されている。当時かれの『イングランド史』が哲学書より大衆的人気をえていたからであろう。最初ヒュームの歴史思想についてもとりあげる予定であったが、まとまるまでにいたらず、割愛せざるをえなかった。

知性を主題として

『人性論』の意図

ヒュームの主著である『人性論』を考察するにあたって、最初にヒュームが本書で何を意図したのか、またその意図をいかなる方法により実現しようとしたのかということを知ることが必要である。

ヒュームによれば、哲学でもほかの学問でも、新しい何かを発見したと称する人びとは、従来のすべての体系をけなすことによって、自分自身の体系を遠回しに賞賛する。だが、すでに絶大な信用をかちえ、厳密で深遠な論究だと称している体系でさえも、正しい判断力をもち常識ある人なら、その基礎の弱さを見抜くのは容易なことである。このように諸学問の現状は憂うべき状態にある。

そこでは、どんなささいな問題も論争の種となるが、どんな重大な問題にも確実な解決が与えられていない。議論はすべてが不確実であるにもかかわらず、すべてが確実であるかのように展開される。それゆえ勝利を獲得するのは理性ではなくて雄弁である。このような事情から、あらゆる種類の形《けい》而上《じじょう》学的論究に対する偏見が、一般の人びとだけでなく学者と称する人びとのあいだに生まれるのである。ここでいう形而上学的論究とは、ある特定の部門についての論究のことではなくて、何にせよ難解で、理解することのむずかしい議論のすべてである。

ヒュームは、従来諸学問にみられる混乱をこのように指摘し批判したうえで、すべての学問が人間本性と関係していることを明らかにして、諸学問の基礎である学を「人間学」とよぶのである。

「あらゆる学問は多かれ少なかれ人間本性と関係していること、たとえ学問のうちには人間本性からどんなに遠く離れ去っているようにみえるものがあるにしても、それでもやはりいずれかの道筋をたどって、人間本性に立ちもどること、これは明らかである。数学、自然学、自然宗教にしたところで、多少とも『人間』学（the science of Man）に依存しているのである。」（土岐邦夫訳、中央公論社）

ヒュームによれば、われわれが人間の知性のおよびうる範囲と力とを知り、推理に際して用いる観念の本性やそのとき働かせる作用の本性を解明できるならば、これらの学問は飛躍的に進歩するのである。数学、自然学、自然宗教が人間についての知識にこれほど依存するのなら、人間本性ともっと密接に結びついている論理学、道徳学、文芸批評、政治学においては、よりいっそうの進歩を期待することができる。

そうであるならば、哲学的探求において成功を望みうる唯一の方策は、これらの諸学問の首都である「人間本性そのものに迫ること」である。この人間本性という首都を手中におくならば他のどこででも勝利をおさめることが期待できるであろう。このことを確信するヒュームは、かれの目的をつぎのように宣言する。

「重要な問題で、人間学のうちにその解決が含まれていないようなものは一つとしてなく、われわれがこの学問をまだよく知っていないのに確実に解決されうるようなものはない。だから、われわれは人間本性(human nature)の原理を明らかにしようと試みることで、実際は諸学問の完全な体系を目ざしているのである。」(土岐邦夫訳)

ヒュームは、ここで「人間本性の原理を明らかにしよう」とする人間学を確立し、諸学の完全な体系を目ざすという壮大な抱負を語っている。このあとの箇所で、知性との関連を重視して人間学を「人間本性の学」とよんでいる。この「人間本性の学」の確立こそヒュームの意図したものであった。

A

TREATISE

OF

Human Nature:

BEING

An ATTEMPT to introduce the experimental Method of Reasoning

INTO

MORAL SUBJECTS.

Rara temporum felicitas, ubi sentire, quæ velis; & quæ sentias, dicere licet. TACIT.

VOL. I.

OF THE

UNDERSTANDING.

LONDON:

Printed for JOHN NOON, at the *White-Hart*, near *Mercer's-Chapel*, in *Cheapside*.

MDCCXXXIX.

『人生論』の扉

実験的方法

ヒュームによれば、人間本性の学は、人間本性の諸原理を解明するものであり、諸学問を統合する体系が立ちうる唯一の基礎である。それでは人間本性の学はいかなる方法により確立できるのであろうか。ヒュームの方法を端的に示しているのが『人性論』の「精神上の問題に実験的推論方法を導き入れる試み」という副題である。人間本性の学は実験的方法によって確立されるのである。ここで「実験的」(experimental)というのは、今日われわれが使用している「実験的」を意味するのではなく、「経験的」を意味する。ヒュームが実験的方法を採用したのは、青年時代に学んだニュートンの影響によるものであろう。

ヒュームは、人間本性の学に「与えうる唯一の確固とした基礎は、経験（experience）と観察（observation）とにおかれなければならない」と述べ、実験的方法が「経験的観察の方法」にほかならないことを明らかにする。『人性論』の副題は、ヒュームの研究方法を示すだけでなく、その対象をも明示している。副題で言う「精神上の問題」(moral subjects) がそれである。ここでの「精神上」という語は、「道徳的」を意味するよりは、もっと広く「精神的」を意味する。つまり精神をもつ人間のさまざまな営みのことである。

ヒュームによれば、実験的方法を用いる哲学が自然界の問題に適用されてから、一世紀以上もおくれて精神上の問題に適用されるようになったが、このことは少しも驚くべきことではない。というのは、これら二種類の学問の起こりを考えてみても、そのあいだにはほぼ同じへだたりがあったからである。つまり、タレスからソクラテスまでの期間は、ベーコンから人間学を新しい土台のうえにすえたイギリスの哲学者たちまでのへだたりにほぼ等しいからである。ヒュームがここでイギリスの哲学者たちとして、ロック、シャフツベリ、マンデヴィルなどをあげていることは注目に値する。これらの哲学者の活躍により、人間本性の学の進歩が「自由と寛容の国」であるイギリスにおいてなされたからである。

このように、人間本性の学は、外的自然を考察の対象とする自然学に対して、人間の内的自然、すなわち人間本性を研究対象とするものである。ところで、精神に関する学問には、自然学には見いだせない特殊な不利がある。それは観察実験を集めるにあたって、自然学における物体の実験のように、あらかじめ計画を立てて納得できるような仕方で実験を行うことができないことである。ヒュームは、精神に関する学問にはこのような不利がつきまとうことを認めながら、経験的観察の方法を駆使して、人間本性の学を確立することができることを「序文」の最後で、つぎのように述べている。

「精神に関する学問では、実験を人間生活の注意深い観察から拾い集めなければならない。そして、その際、交際、業務、楽しみごとでの人びとのふるまい方を通して、世の中のふだんのなりゆきに現れるままにとらえなければならない。この種の実験が慎重に集められ、比較されるならば、これらをもとにして一つの学問を立てうると期待してもよかろう。そして、この学問は確かさにおいては人間の理解力のおよぶほかのどの学問にも劣らず、有用さにおいては他にはるかにまさるものとなろう。」（土岐邦夫訳）

印象と観念

ヒュームは、最初に観念の起源について論究する。われわれはさまざまな観念をもっているが、それらはどこからくるのかという問題である。ロックは、生得観念の存在を否定し、観念が経験に由来することを明らかにしたうえで、観念の起源として「感覚《センセイション》」と「内省《リフレクション》」とをあげたが、ヒュームは観念の起源としてただ一つ「印象」をあげる。

ヒュームによれば、人間の心に現れる意識または思考のすべてが知覚である。この知覚には二つの種類がある。すなわち印象（impression）と観念（idea）とである。印象とは、「心にはじめて現れるときの感覚・情念・感動のすべて」のことであり、観念とは、思考や推理における勢いのない心像《イメージ》のことである。

印象と観念との相違は、「それらが心に働きかけ、思考もしくは意識となるときの勢い（force）と生気（liveliness）の程度のちがい」である。われわれは、ふだんこの二つを容易に区別できるが、特殊な場合には、印象と観念とがきわめて近づくこともありうる。たとえば、眠っているときや高熱のとき、あるいは精神が激烈な情感にひたるときなどである。

さらにヒュームは、ロックの立場を継承して知覚には、もう一つの区分があることを主張する。それは「単純《シンプル》」と「複雑《コンプレックス》」とにわける区分である。単純印象や単純観念は、部分に区別したり分離することができない。他方複雑な知覚は部分に区分することができる。りんごを例にとると、りんごの色、味、香りは、このりんごの性質として結びついているが、これらの性質は同じものではなく、区別することができる。したがって、りんごは、それらが結合した複雑な知覚である。このように、複雑観念は、単純なものからの合成によって形づくられる。

ところで、印象と観念とは、勢いと活気の程度を除けば、著しく類似しており、一方は他方の映像であるように思われる。たとえば、私が目を閉じて居間のことを考えたとしよう。私が形づくる観念は、以前に感じとった印象を正確に再現している。どんな事柄でも、一方にあって他方に見いだせないようなものはない。このように単純な知覚の場合、印象と観念とは互いに対応している。しかしながら、複雑な知覚の場合には、このことは必ずしも妥当しない。複雑観念のうちには、それと対応する印象を一度ももったことがないものが多くあるし、複雑印象のうちには決して正確に写しとられていないものが多くある。前者の例としては、黄金の舗装《ほそう》道路とルビーの城壁をもつ新エルサレムのような都市を心のなかで想像する場合である。われわれは現実にはこのような都市を見たことがない。後者の例としては、パリを見物したことがある場合があげられる。誰でもパリの街路や家並を一つ残らず再現してパリの観念を形づくることは不可能である。したがって、複雑な印象と観念とのあいだには、一般にかなりの類似性はあるが、一方が他方の正確な写しであると普遍的に主張することはできないのである。

印象が観念の原因

ヒュームは、単純印象と観念とがすべて類似することを主張したあとで、印象と観念とは、どちらが原因であり、どちらが結果であるかを問題にする。かれによれば、すべての単純観念は、それに対応し、それが正確に再現する単純印象に由来する。われわれの経験は、単純印象がそれに対応する観念に先行し、観念がこの印象の写しであることを示している。たとえば、子供に緋《ひ》色やオレンジ色の観念や甘さや苦《にが》さの観念を教えるときには、最初に実物を示したり味わわせたりして印象を知らせる。誰も最初に観念をよび起こして、そのあとで印象を生じさせようとは努めない。このように印象が先行することは、「印象が観念の原因であって、観念が印象の原因ではない」ことの疑うことのできない証拠である。

このことを裏づけるために、ヒュームは、もう一つの明白で納得できる現象を考察する。それは、ある印象を生じさせるはずの機能が、生まれつき盲目であるとか耳が聞こえない人間の場合のように、たまたま障害のために働かないときには、その機能が生じさせる印象が欠けているだけでなく、それに対応する観念をもたないという事実である。このことは、感覚機能が障害をもつときだけでなく、ある種の印象を生じるように機能を働かせたことが一度もない場合も同様である。たとえば、パイナップルを味わってみなければ、その味について正しい観念を形づくることは不可能である。

ヒュームは、知覚の二種類の区分に加えて、印象にも二種類のものがあるとし、「感覚」の印象と「内省」の印象とに区分する。感覚の印象は、未知の原因から直接心に生じる。内省の印象は、たいていは観念に由来するもので、つぎのような順序で生じる。

「まず、印象が感覚機能を刺激して、われわれに熱さや冷たさ、渇きや飢え、ある種の快や苦を感じさせる。この印象が心によって写し取られ、写しは印象が消えたあとも残る。これを観念と呼ぶわけである。ところで、この快や苦の観念が心に再び現れると、欲望や嫌悪、希望や恐れといった新たな印象を生む。この印象は内省に由来するものであるから、当然、内省の印象と呼んでもよかろう。こうした印象が記憶や想像によって再び写し取られて観念となり、今度はこの観念がおそらくさらにほかの印象や観念を起こさせるだろう。」（土岐邦夫訳）

このような感覚と内省という区分を、ヒュームは、ロックやバークリーから継承したのであるが、その位置づけはかなり異なっている。ロックやバークリーにとって、内省とは知性が自己の内部をかえりみることで、そこからえられる内省の観念は、外的感覚の観念と対等の資格で認識の源泉をなすものであった。だが、ヒュームにとって、内省の印象は、感覚の印象が残す観念から生じるもので、感覚が内省に対して優位に立っている。

観念の連合

ヒュームによると、どんな印象もひとたび心に現れると、のちに観念として再び心に現れることがあり、その現れ方には二通りある。新たに現れるとき、最初の活気をかなりの程度保持していて、印象と観念との中間といえるような場合と、最初の活気をまったく失って完全な観念となっているような場合である。前者の機能が「記憶」とよばれ、後者の機能が「想像」とよばれる。

記憶と想像の相違は、記憶の観念のほうが想像の観念よりもはるかに生気に富んで強いことや記憶では元の印象と同じ形、同じ順序で現れるが、想像では必ずしももとの印象と同じ形、同じ順序に束縛《そくばく》されず、変形する力をもっていることである。そのことは、詩や伝奇小説における架空の話を読めばわかるように、そこではつばさをもった馬、火を吐く龍、怪物の巨人などがでている。

すべての単純観念は、想像によって分離され、あるいは結合される。もし想像が働く場合に、いくつかの普遍的な原理がないとしたら、想像機能の作用ほど説明のつかないものはなく、観念は偶然だけによって結ばれていることになるだろう。同じ単純観念が規則的に複雑観念となるためには、単純観念のあいだに一種の結合のきずな、すなわち「一つの観念が自然にほかの観念を導き寄せるようにするある連合する性質」がなければならない。

ただし、われわれは、この原理がなければ心が二つの観念を連結できないと思いこんでもいけない。というのは、想像機能ほど自由なものはないからである。ヒュームは、この原理を「穏やかな力」と考えておくべきだと述べたあとで、この種の連合の原理として「類似」、「接近」、「原因と結果」の三つをあげる。

これらの性質が単純観念のあいだでの結びつき、あるいは凝集《ぎょうしゅう》の原理である。ここには一種の「引力」が働いている。ヒュームは、ニュートン力学の影響のもとに、この原理を心的世界の一種の引力とみなしている。

この引力は、自然界におけると同様に、数多くの不思議な結果をもたらし、数多くの多様な形で現れる。この引力の結果は、どこでも認められるが、その原因についてはほとんど知られていない。それは、人間本性そのものに本来備わっている性質とみなされなければならない。

抽象観念について

ヒュームは、第一篇、第一部の第七節で、抽象観念を批判的に検討している。個物に対する「普遍」は、今日抽象観念という名でよばれるが、「普遍は実在するか否か」という問題は、中世哲学においては大論争をひきおこし、「普遍論争」として知られている。そこでは「普遍は個物に先立って実在する」という実念論や「真に実在するのは個物だけで、

バークリー

普遍観念は個物のあとにできた名辞にすぎない」という唯名論などが対立していた。この普遍論争は、個物を重視するイギリス経験論に対しても、つねに対決を迫る問題であった。

ヒュームによれば、抽象観念あるいは一般観念について重大な問題は、「抽象観念が心に思いいだかれるとき、それは一般的であるか、それとも個別的であるか」ということである。この問題に対して、バークリーは、一般に認められていた意見に反対して、「一般観念は実際はすべて個別観念であって、それに一定の名辞を付加したものにほかならない」と主張した。ヒュームは、バークリーのこの見解を最近の学界における最も価値ある発見の一つであると賞賛し、これを裏書きすることに自己の使命を見いだしている。

われわれが一般観念を形づくるとき、たいていの場合、量と質の特定の度合いを取り去る。ところが、事物はその延長や持続、その他の性質が少し変更したからといって、それによって特定の種に属さなくなるわけではない。ここに明白なディレンマ（どちらを選んでも困るような窮地）がある。たとえば、人間という抽象観念は、あらゆる大きさ、あらゆる性質の人間を表現しているが、そのためには、㈠この抽象観念があらゆる可能な大きさ、あらゆる可能な性質を一度に表現するか、それとも、㈡いかなる大きさも性質もまったく表現しないかのいずれかでなければならない。

ところが、第一のディレンマの角《つの》は、心に無限の能力があるということを含んでいるので擁護できず不合理であるとみなされ、ふつう第二の角、すなわち抽象観念は量質いずれにおいても特定の度合いを表現しないということに同意する形で推理がなされてきた。だが、この推理は誤っているのである。ヒュームは、このことを明らかにするために、第一には、いかなる量や質を思いいだくにしても、その度合いを正確に知っていなければ、そのことは不可能であることを証明し、第二には、心の能力は無限ではなく不完全であるにせよ、内省や会話という目的に役立ちうるように量質のあらゆる可能な度合いを一度に思い描くことができることを提示する。

ヒュームによれば、第一の命題は、つぎのような議論によって証明できる。異なる対象同士は区別でき、そして区別できる対象同士は想像や思考によって分離できる。またこの逆も真である。それゆえ、抽象が分離を含んでいるかどうかを知るには、一般観念を形づくる際に取り去られた事柄のすべてが、一般観念の本質的部分として残された事柄から区別でき、異なっているかどうかを知ればよいことになる。

ヒュームは、第一の命題を詳細に証明して「抽象観念は、その表現作用では一般的となりうるとしても、それ自体としては個別的」であることを明らかにし、第二の命題を積極的に提示する。

ヒュームによれば、われわれはいくつかの対象のあいだに類似があるのを認めると、量や質の程度にどれほど相違が認められようとも、またその他にどんな相違が認められようとも、それらに同じ名前をつける。この種の習慣が身についてしまうと、この名前を聞くと、これらの対象のうちの一つの観念がよみがえり、想像はあらゆる特有な事情と割合を備えてこの観念を思いいだくのである。ヒュームは、このようにして個別観念が一般的となるのは、それが習慣的連結によってほかの個別観念と関係をもち、かつ想像においてそれらの観念を即座に見いだすようなある名辞に結びつけられることによってであることを明らかにするのである。

知識と哲学的関係　ヒュームは、第一篇の第三部で、知識概念を検討して、知識を絶対的知識(knowledge)と蓋然《がいぜん》的知識(probability)とに分類し、それぞれがもつ確からしさの性質を解明する。絶対的知識とは、比較される観念にまったく依存するもので、絶対に確実で普遍妥当的な知識のことである。蓋然的知識とは、経験に依存する知識のことで、さらに立証的知識(proof)と狭い意味での蓋然的知識とに区分される。立証的知識とは、原因・結果の関係から引きだされる確実なものであり、狭義の蓋然的知識とは不確実性を伴うものである。

ヒュームによれば、あらゆる種類の推論は観念の比較であり対象間の関係にほかならない。この対象間の関係は無限に多様であるが、自然的関係と哲学的関係とに区別される。自然的関係とは、「二つの観念を想像において結合させ、一つの観念が自然に他の観念を導き寄せるようにする性質」のことであり、哲学的関係とは、「想像において二つの観念を任意に結びつけるにしても、やはり観念を比較する手掛りとして適当と考えられるような特殊な事情」のことである。

ところで、哲学的関係の数は無限でありうるが、それらは七つの総括的な項目にまとめることができる。すなわち、類似、同一、時間および場所の関係、量または数の割合、質の度合い、反対、因果性である。この七つの項目は、ヒュームのカテゴリー(範疇)表とみなすことができる。カテゴリーとは、哲学ではアリストテレスによって術語化されたもので、最も根本的な基本概念を意味する。この七つの項目のなかで最も基本的なものは「類似」である。この関係がなければ、いかなる哲学的関係もありえない。というのは、いかなる対象もある程度類似していなければ比較できないからである。また七つの関係は、比較される観念にまったく依存するものと、観念に何の変化がなくても変化しうるものとの二つの組に分けられる。たとえば、われわれは三角形の観念から「三つの角の和は二直角に等しい」という関係を見いだすが、この関係は、観念が同じであるかぎり変わることはない。これに対して、二つの対象間の接近もしくはへだたりという関係は、対象の場所が変わるだけで変化できる。このことは同一と因果性についても当てはまる。

したがって、七つの哲学的関係のうちで観念のみに依存し、絶対的知識の対象となるのは、類似、反対、質の度合い、量もしくは数の割合である。はじめの三つの関係は、ひと目で見いだせるようなものであり、論証の領域よりは直観の領域に入るものである。だが、量もしくは数の割合を確定するときには、その量や数がきわめて限定されている場合を除けば、直観的に把握することが困難であり、何らかの人為的なやり方をとらなければならない。

ヒュームの因果性の分析は、カントの独断のまどろみを破り、現代にまで影響をおよぼしている。

因果性の観念

カントによれば、形而上学（超感覚的世界を真実在とみなし、これを純粋な思索によって認識しようとする学問）の成立以来、ヒュームが形而上学に加えた攻撃ほど、決定的なものはなかった。

カントは、『プロレゴメナ』（一七八三）のなかで、つぎのように述べている。

「私は率直に告白するが、デイヴィド＝ヒュームの警告こそが、数年前にはじめて私の独断のまどろみを破り、思弁的哲学の分野における私の研究に、まったく別の方向を与えたものであった。私は、ヒュームの推論に決して耳をかさなかった。ヒュームの推論が生じたのは、ただ、かれがかれの課題を全体において考えず、全体を考察しなければ何も教示できぬその一部分のみを、思いついたからである。」（湯本和男訳、理想社）

ヒュームは、最初に学問の根柢《こんてい》をなす四つの哲学的関係、すなわち類似、反対、質の度合い、量もしくは数の割合、を述べたのち、観念に依存せず、観念が同じままでも姿を現したり消したりする三つの関係、すなわち同一、時間的および場所的状態、因果性をとりあげる。

ヒュームによると、推論とは比較すること、つまり二つもしくはそれ以上の対象が相互にもつ恒常的、もしくは恒常的でない関係を見いだすことである。ところで、この比較には、二つの対象がともに感覚機能に現れている場合、どちらも現れていない場合、一方だけが現れている場合とがある。このうち二つの対象がともに感覚機能に現れているとき、これは推論とよばれるよりは知覚とよばれる。というのは、このとき思考は働かないし、心の能動的作用もないからである。この考え方によると、同一、および時間や場所の関係についての考察は推論とみなすことができない。

したがって、観念に依存しない三つの関係のうちで、「感覚機能を越えてたどることができ、見もせず感じもしない存在や事象について知らせる唯一の関係が因果性」である。それでは因果性の観念はいかなる起源に由来するのだろうか。換言すれば、因果性の観念を生じる印象があるのだろうか。

そこで原因や結果とよばれる二つの対象を調べてみると、一見してこの観念を生じる印象を対象の特殊な性質のなかに求めてはならないことがわかる。というのは、どんな性質を選びだしても、その性質をもたないのに原因ないし結果とよばれうるような対象が見いだされるからである。そうすると、因果性の観念は、対象のあいだのある関係に由来するにちがいない。そこでこの関係を見いだすために調べてみると、原因ないし結果として考えられているすべての対象が「接近」していることがわかる。こうしてヒュームは、因果的に関連する対象間の本質的関係として「接近」をあげる。

つぎに第二の本質的関係として、原因が結果よりも時間的に先行するという「継起」の関係があげられる。この「接近」と「継起」という二つの関係で因果性の完全な観念が与えられるのだろうか。決して与えられない。なぜなら、一つの事象が他の事象に接近し、また時間的に先行していても、その原因とは考えられない場合があるからである。

われわれが因果性について述べるとき、「必然的結合（necessary connection）」を考慮に入れなければならない。この関係こそ「接近」や「継起」の関係よりもはるかに重要なのである。というのは、必然的結合こそ原因ないし結果の一方から他方への推論を正当化するものと考えられてきたからである。

必然的結合の観念

接近と継起とは対象間の関係として知覚されるのでよく理解できるが、必然的結合という関係の本性はいかなるものであるのか。またこの観念が由来する印象とはいかなるものであるのか。原因と結果の関係は対象の性質に依存していないし、対象間の関係を考えてみると、接近と継起の関係以外に何も見いだすことができない。ヒュームは、必然的結合の印象を見つけることができないという困難に直面して、別の二つの問を立てて、そこから原因と結果の推理が経験と観察に由来することを再確認し、さらに因果関係における新しい特性として「恒常的連接」を見いだすのである。

ヒュームによれば、原因と結果の関係をたどるとき、個々の対象を調べるだけでは原因から結果への推理を導くことはできない。一つの対象の存在から他の存在を推理できるのは「経験」によってだけである。因果の推理において移行を教える、この経験の本質とはつぎのような性質のものである。われわれはある種の対象が過去に存在した実例にかつてしばしば出会ったことを思いだす。また他の種の対象に属する個物がつねにそれらに伴い、かつそれらに対して規則的に接近と継起の順序で存在していたことを思いだす。たとえば、「炎」が存在した多くの実例を見たこと、他の種の対象である「熱さ」の感覚を感じたことを思いだし、過去のすべての実例で両者のあいだに「恒常的連接」(constant conjunction)があったことを思いだす。そのとき、われわれは炎を原因とよび、熱さとよんで、炎の存在から熱さの存在を推理するのである。

このように記憶もしくは感覚機能に現れる印象から原因ないし結果とよばれる対象の観念をもつことは、過去の経験、たとえば、炎と熱さはつねに接近し、しかも炎は時間的に熱さに先行しているということ、すなわち、両者の恒常的連接を思いだすことにもとづいている。したがって、つぎの疑問は経験が原因ないし結果の観念を生じるのは、知性によるのか、想像によるのか、換言すれば、移行をなすように心を規定するのは、理性であるのか、それとも知覚のある連合、つまり自然的関係であるのか、ということである。

ところで、理性が規定するのだとすれば、「われわれが経験したことのない事例は、経験したことのある事例に類似しなければならない」という原理を前提にしなければならない。しかし、この原理を証明するいかなる論証もありえない。というのは、自然の推移のなかに過去とちがった事柄が起こりうることを想定することは不可能ではないからである。ここでヒュームは、因果性の観念が生じるのは想像によるとし、つぎのように述べる。

「心が一つの対象の観念もしくは印象から、他の対象の観念もしくは信念へと移るときに、心は理性によって規定されるのではなく、想像においてこれらの対象の観念を連合し、結び合わせる

ようなある原理によって規定されるのである。」（土岐邦夫訳）

だが、ヒュームによれば、こうした連結が存在する理由を見きわめることはできない。ただ事柄そのものを観察して恒常的連接のために対象が想像において結合されるのを見いだすだけである。ここで、ヒュームは、第三の契機として恒常的連接を指摘するが、これによっても必然的結合という関係の本性を明らかにすることはできない。けれども、因果性の問題の解明において不可欠の役割を演じるのが、自然的関係としての類似、接近、因果性の三つの連合原理であることに気づき、改めてこの視点から必然的結合の解明を試みるのである。

信念とは

ヒュームは、第一篇第三部の第七節から第一〇節までを、因果性の問題と並行して信念の問題にあてている。信念の問題は、これまで哲学者たちによって重視されることなく、その説明の困難さも気づかれることがなかった。われわれは因果関係にもとづいて推論するとき、「きっと起こる」と信じるような観念、すなわち「信念」(belief) をいだくのである。

ヒュームによれば、ある対象の観念は、その対象についての信念の本質的部分であるが、信念のすべてではない。というのは、われわれは信じていないものを思いいだくことが多いからである。それでは信念とは、どのようなもので、いかにして生ずるのだろうか。また対象の観念とその対象の存在の信念とは、いかなる関係にあるのだろうか。

ところで、存在の観念は何らかの対象の観念と異なるものではない。換言すれば、最初にある対象を思い、そのあとで同じ対象が存在すると思うとき、われわれははじめの観念に何も付加していないし、またその観念を少しも変えていない。さらに存在についての信念は、その対象の観念を構成しているいくつかの観念に新しい観念を付加するものでもない。たとえば、神について考えるとき、存在するものとしての神を考える場合と、神が存在すると信じる場合とでは、私がもつ神の観念には少しの増減もないのである。

しかしながら、対象の存在をただ思いいだくのと、その対象の存在を信じるのとでは大きな相違がある。この相違は思いいだかれる観念の部分や構成のなかにあるのではなく、われわれがその観念を思いいだくその仕方にある。したがって、信念はある対象を思いいだく仕方を変えるにすぎず、観念に対して勢いと活気を付加するだけである。そこで最も厳密には「現在の印象と関係をもつ、すなわち連合する生き生きとした観念」と定義される。

ところで、この観念を思いいだく仕方の相違を説明しようとしても、適切な言葉は見つからず、各人の感じ《フィーリング》に訴えるよりほかないのである。「同意される観念」は、「空想だけによって現れる虚構の観念」とはちがって感じられるのである。たとえば、ある人が一冊の本を伝奇小説として読み、他の人が同じ本を史実談として読むとしよう。二人は同じ観念を同じ順序でうけ取るが、一人は信じないで他の一人は信じる。それゆえ、その著者の言葉は、二人に同じ観念を生ずるが、同じ影響をおよぼすわけではない。後者は、事件の一切について、伝奇小説として読む者よりも、生き生きとした概念をもつのである。

信念の原因

つぎに問題になるのは、信念はいかなる原理に由来するのか、何が観念に活気を与えるのか、ということである。ヒュームは、このことを明らかにするために人間本性に関する一般的な基本原則をたて、この原則が経験によって確認されることを指摘する。その基本原則とは、「何らかの印象が心に現れると、それは心をその印象と関係をもつ観念へ運ぶだけでなく、その観念にその印象のもつ勢いと活気とを伝達する」ということである。また観念に活気を与えるのは、想像において観念を結びつける三つの関係、すなわち類似、接近、因果性である。この基本原則を立証するものとして、ヒュームは、つぎのような事例をあげている。

たとえば、今ここにいない友人の画像を見ると、われわれは類似関係によってその友人についての観念を生き生きと思いだす。もし画像が少しも友人に似ていない場合には、その画像は友人についての観念を生気づけないだけでなく、友人を思いだすことさえしないだろう。

つぎに類似の効果とならんで、接近の効果が指摘される。距離は明らかにあらゆる観念の勢いを減ずるものであり、ある対象への接近は、その対象がまだ見えなくても、対象が心に作用して直接の印象に似た影響を与えるのである。たとえば、故郷から二、三マイルのところにいるときは、二百リーグ（一リーグは約三マイル）離れたところにいるときよりも、家や友人に関する事柄がはるかに親しく感じられる。さらに因果性も類似や接近の関係と同じ影響力をもっている。たとえば、迷信深い人びとは、聖人の遺物を好み、それによって信仰を生気づけることなどである。この現象は、因果性の関係をもつ現在の印象がいかなる観念をも生気づけることを証明している。

これらの事柄から明らかなように、観念およびそれに伴う信念の本当の原因と考えられうるのは現在の印象である。そこでヒュームは、このような驚くべき結果を生みだせるようにする印象の特殊な性質を、つぎのような二点から考察する。

第一に、現在の印象がそれ自体の固有な力によって、換言すれば、現在の印象をただ一つの知覚として現在の瞬間だけに限定して考察する場合には信念を生ずる効果をもたない。第二に、現在の印象に伴い、かつ多数の過去の印象およびそれらの連接によって生ずる信念は、理性ないし想像の作用もなしに直接に生ずるのである。ヒュームは、現在の印象に伴う信念が習慣に由来することを経験にもとづいて、つぎのように述べている。

「新しい推論ないし断定なしに、過去の反復から生ずるすべてのものを、われわれは習慣(custom)とよぶ。そこである現在の印象に伴って起こる信念は、もっぱらこの習慣という起源に由来することを確かな真理として定めてもよかろう。二つの対象が連接するのを見慣れると、その一方の現れ、あるいは観念によって、われわれはもう一方の観念へと運ばれるのである。」

ヒュームは、このようにして信念が「習慣」に由来することを明らかにするが、さらに信念を生ずるのに習慣的移行のほかに何かほかのものが必要かどうかを検討するために初めの印象を観念に置きかえる。そうすると、これと関連する観念への習慣的移行が依然として残るが、信念も確信もそこにはないことがわかる。そこで現在の印象がこの一連の作用にとって絶対に必要であることになる。したがって、信念とは現在の印象から生ずる、より活気に満ちた、より強烈な観念にほかならない。ヒュームは、このようにして、信念が現在の印象と習慣的移行との二つから生ずることを明らかにするのである。

「心のなかに存在する」必然性

ヒュームは、信念が形成される構造を解明したあとで、最初に提起しながら途中から留保してきた中心課題、すなわち二つの対象が必然的に結合すると言われるとき、その必然性の観念は何であるかという問題、換言すれば、原因と結果との必然的結合という関係がいかにして形成されるかという問題を検討する。

ヒュームによれば、印象に由来しない観念はないのだから、もし必然性の観念があるとすれば、この観念を生じさせる何らかの印象が見いだされなければならない。必然性はつねに原因と結果に帰せられているので、そのような因果関係にある二つの対象を調べてみよう。すぐに気づくことは、二つに対象が時間的、場所的に接近していること、また原因とよばれる対象が結果とよばれる対象よりも先行するということである。しかし、一つの実例だけではこれ以上進むことはできない。

そこで視野を広げていくつかの実例を調べてみると、似かよった対象がいつも似かよった接近と継起の関係にあることが見いだされる。このことは、一見したところ、現在の目的にほとんど役立たないようにみえるが、もっと立ち入って調べてみると、反復が新しい印象を生むことがわかる。

「この反復は、すべての点で同じというのではなく、新しい印象を生み、さらにそれによって、今検討している観念を生ずるのである。なぜなら、たびたび反復していると、対象の一つが現れ

ロック

ると、心は習慣によって規定されて、それにいつも伴っているものを考えるように、しかもはじめの対象との関係のゆえに、はるかに強く照らしだして考えるようになるからである。そうすると、必然性の観念を与えるのは、この印象、すなわちこの規定なのである。」

われわれは、このように、二つの対象の恒常的連接を観察すると、対象の一つが現れると、この連接によってつくりだされた「習慣」によって、何の理由もなしに心を他の対象へと移行させ、その推論を確からしい（蓋然的）ものとみなすのである。したがって、ヒュームによれば、必然性とは「心のなかに存在する何ものかであって、対象のなかにあるものではない」のである。

ヒュームが必然性の観念をいかなる対象のうちにも求めず、推論者の心のなかに求めたことは、因果性の問題におけるコペルニクス的転回とみなすことができる。因果性についてのこのような解釈は、従来の哲学者や一般の人びとが信じてきたものと衝突するものであった。

従来の解釈への批判

ヒュームは、必然的結合の観念の源泉について、かれの見解を述べたあとで、従来の代表的な解釈をとりあげて反駁する。古今の哲学者のあいだで最も論議をひきおこした問題の一つは、原因の効力に関する問題、すなわち原因がその結果を伴う性質は何かという問題であった。

この問題に関する最も一般的で通俗的な説明がロックの説であった。それは、物質には物体の運動や変動のような新しい生成のあることが経験によって知られているという事実から、これらの運動や変動を生みだす力がどこかになければならないと断定し、ここから推理によって力または効力の観念に到達するというものである。

ヒュームによれば、この解釈をしりぞけるには二つの明白な原理を思い返すだけでよい。第一の原理は、理性だけではいかなる根源的観念も生じないということであり、第二の原理は、経験から区別された理性は、原因がすべての存在の始まりに絶対に必要だという断定を決して与えないということである。この二つの原理から、理性は効力の観念を決して成立せしめないから、効力の観念は経験に由来しなければならないということになる。そこで原因の作用と効力とを明白に理解できるような実例を見つけださなければならない。

ヒュームは、このことについての哲学者たちの説が驚くほど多様であることは、それらが堅固でないことを示すと指摘したうえで、マルブランシュの説にしたがって、それらの解釈を批判する。哲学者たちは、この原因の力を確定しようと試みたが、あまりうまくいかなかったので、自然の究極の力と効力は、われわれには知ることができないものだと断定せざるをえなかった。ほとんどの哲学者は、この意見に同意するが、この意見から推理を導きだすときに意見の相違がでてくる。

デカルト派の人びとは、物質はそれ自体では、非活動的で運動を生じたり持続させたり伝達したりする力を奪いとられているが、このような結果は感覚機能に明示されているので、このような結果を生ずる力がどこかになければならないと主張した。そしてそれはあらゆる卓越性と完全さとをもつ「神」になければならないと述べた。かれらによれば、神こそ宇宙の第一原因である。神ははじめに物質を創造し、他のものの運動の原因となっただけでなく、また全能の力を働かせて物質の存在を支え、物質にそなわる運動や形態や諸性質のすべてをたえず与えているのである。

しかしながら、ヒュームによれば、観念は印象から生ずるのだから、力や効力の観念をもつためには、この力の働いていることが知覚されるような事例が提出されなければならない。ところが、こうした事例はどこにもない。そこでデカルト派の人びとは、生得観念の原理によって議論を進め、神を物質にみられるあらゆる変化の直接の原因とみなしてきた。しかし、生得観念の原理が虚偽である以上、神を想定しても何の役にも立たない。すべての観念が印象に由来するとすれば、神の観念も同じ起源から生じることになる。ところで、いかなる印象も力や効力の印象を指示しないから、神にそのような活動の原理を見いだすことは不可能である。

ヒュームはこのようにして、従来の哲学者たちの代表的な解釈を論駁し、必然性が対象のなかにではなく、心のなかに存するという画期的な学説を提唱するのである。

ヒューム因果論の意義

ヒュームにとって、原因と結果とを結合させる必然性とは、力ではなく因果の一方から他方へと向かう心の規定であり、原因の作用する場所は、原因そのもののなかでも、神のなかでもなく、人間の心のなかに存在するものであった。ヒュームは、第一四節で、これまでの考察をふまえて因果関係についての定義を与えている。

ヒュームによれば、因果関係については、二つの定義が与えられる。この二つの定義の相違は、因果関係を哲学的関係として考察するか、自然的関係として考察するかにある。つまり、因果関係を二つの観念の比較として考察するか、二つの観念のあいだの連合として考察するか、によって異なる。

まず哲学的関係における原因とは、「ある対象に先行し、かつ接近する対象であり、その際、後者に類似するどの対象もすべて、前者に類似する対象と先行および接近の似かよった関係におかれる」と定義される。これに対して、自然的関係における原因とは、「ある対象に先行し、かつ接近する対象であって、しかも前者と深く結びついているため、一方の対象の観念が他方の対象の観念を――そして一方の対象が他方の対象のより生き生きした観念を――形づくるように心を規定するものである。」

このように、因果関係を接近、継起、恒常的連接のように、出来事の規則的で斉一《せいいつ》的な共在関係によって定義し、しかも個別的な原因・結果の結びつきよりも、それらを事例とする普遍的規則性を重視し、そこに因果的必然性の根拠を見いだす、ヒュームの立場は、今日「因果の規則説」とよばれている。

ヒュームのこのような因果論がもつ意義について、わが国の卓越したヒューム研究者である杖下《つえした》隆英氏は、つぎのように述べている。

「ヒュームの因果論が伝統的に確実性を疑われることなく、とくに理性論者から無条件の信頼を寄せられていた因果の客観的必然性を根底からゆるがしたことは否定できない。周知のようにカントを独断のまどろみから覚醒させたのもかれの因果批判であったが、それが二重の意味で批判的でときには破壊的な効果をおよぼしたことも広く知られている。

一つは、因果律が神の存在証明での前提として要請されてきた背景から、それは、神学的、宗教伝統への批判の形をとり、……経験的に確証される因果にのみ意味を認める見地は、啓示宗教に対する生涯にわたったヒュームの懐疑の不可欠な拠点の一つであったといえよう。

もう一つは、神学・宗教の伝統とは対照的に、むしろそれとは対立して近世において急速に台頭した自然科学の知識の根底に予想され、自然の斉一性の根拠となる概念に対しても、ヒュームの批判は双刃《もろは》の剣として否定的影響をおよぼした点である。これは、ヒュームがそれを理想として継承したはずのニュートン力学の構想と皮肉にも抵触し、それをくつがえすかにみえる効果である。」（『ヒューム』、勁草書房）

自我の定義　ヒュームは、第一篇第四部の第六節において、人格の同一性の問題を解明する。ここでも銘記すべきことは、ヒュームが問題にしているのは、自我の観念であって自我そのものではないということである。最初にある哲学者たちの自我の観念が批判される。

哲学者のなかには、われわれはいつでも「自我」(self) とよばれるものを親しく意識しており、自我の存在およびその存在の継続を論証による明証性以上に確信している、と考えている者がいる。ヒュームがここで念頭においたのはデカルトまたはロックの見解であろう。

しかし、ヒュームによれば、このような見解は経験に反しており、われわれはここで説明されたような自我の観念をもっていない。それでは自我の観念はいかなる印象に由来するのか。われわれは自我について明晰で理解できる観念をもっているならば、この問に答えなければならない。だが、この問は矛盾と不合理におちいらないかぎり答えることができないと、ヒュームは考える。

そもそもある観念を生じさせるのは、一つの印象でなければならない。ところが、自我はいくつかの印象および観念がかかわりをもつと仮定されている。またもしある印象が自我の観念を生ずるとすれば、その印象は人間の生涯を通じて変わることなく同じままでなければならない。というのは、哲学者たちが考えた自我とは、そういう仕方で存在すると仮定されているからである。しかし、このような恒常的で不変な印象などはどこにもない。したがって、恒常的で不変な自我の観念は存在しないのである。

ヒュームは、このようにして、哲学者たちの見解に反駁したのち、知覚と自我との関係を考察する。ヒュームによると、われわれは自我とよぶものに最も親しく入り込むとき、熱さや冷たさ、愛や憎しみ、快や苦といった、ある特殊な知覚に出会うのである。どんなときでも知覚なしに自己自身をとらえることはできず、また知覚以外のいかなるものに気づくこともありえない。それゆえ、知覚がないときには、自我は存在しないと言ってもよいのである。このあとで、ヒュームは、有名な自我の定義をつぎのように述べる。

「人間とは、思いもよらない速さでつぎつぎと継起し、たえず変化し、動き続けるさまざまな知覚の束ないし、集合にほかならない、ということである。……心とは一種の劇場である。そこではいくつもの知覚がつぎつぎに出現する。それらは通り過ぎ、舞いもどり、すべり去り、さらに混り合って無数の多様な状況をつくりだす。」

このように、ヒュームにとっては、自我とは「思いもよらない速さでつぎつぎと継起し、たえず変化するさまざまな知覚の束あるいは集合にほかならない」のである。それではこれらの継起する知覚に同一性を帰属させ、自分自身が生涯を通じて変わらない存在をもつと想定させるのは何であるか。こうしてヒュームは人格の同一性の本性の解明にとりかかる。

人格の同一性の解明

ヒュームによれば、人格の同一性についての論争は、単なる言葉の問題にとどまらない。というのは、変化し中断する対象に同一性を不当にも帰するとき、間違いは表現に限定されなくて、この間違いにある虚構が伴うからである。つまり、無変動で中断しないもの、あるいは神秘的で解明しがたいものという虚構が伴うからである。いかにしてこのような虚構がつくられるのか。同一性の観念の不当な適用についての仮説は、日常の経験と観察とから証明されるのである。

ヒュームの観察は物質の塊《かたまり》について行われる。われわれはどのような場合、物質の塊が同一性を保っているとみなしてよいか。まず全体ないしいずれかの部分に運動や場所の変化が認められたとしても、すべての部分が中断もせず変化もしないとしたならば、われわれはこの塊に完全な同一性を帰属させる。

つぎにあるきわめて小さな部分が付加ないし削除されたとして、これが全体の同一性を完全に破壊する場合でも、われわれはこの物質の塊は同じであると明言するだろう。さらに物体の大きな部分に変化がみられる場合、それはその物質の同一性を破壊するのであるが、変化が気づかれぬほど徐々に生じる場合には、速く変化する場合と同じ結果を物体に帰するようなことはしない。

だが、変化が目立ってくると、われわれはひどく異なる対象に同一性を求めるのをためらうことは確かである。しかしながら、ある共通目的がある場合には同一性を求めることができる。たとえば、船の大部分が修理のために変わってしまっても、その船は依然として同じ船と考えられる。

ところで、各部分の変化にもかかわらず同一性を求める傾向は、部分の共通目的のうえに部分相互の共感を付加するとき、いっそう著しくなる。たとえば、動物や植物の場合である。動物や植物では、各部分が全体の目標に関係するだけでなく、相互に依存し結合している。それらは数年のあいだにすっかり変化するけれども、われわれはそれらに同一性を帰属させるのである。

ヒュームは、これまでの考察を自我に適用することによって、人格の同一性の解明を進める。ヒュームによれば、われわれが人間の心に帰する同一性は、虚構によるもので、動物や植物の身体に帰せられる同一性と同じ種類のものである。

心の構成要素である知覚は、どれもそれぞれ別の存在であって、ほかの知覚と異なり区別され分離される。このような区別と分離にもかかわらず、われわれは知覚の全体が同一性によって結ばれていると想像する。そこで、同一性という関係について、つぎのような問題が生じる。この同一性の関係が知覚を実際に結びつけるのか。それとも単に想像によってそれらの知覚を連合しているだけなのか。換言すれば、ある人の同一性について語るとき、知覚のあいだにある実在するきずなを観察しているのか。それともそのようなきずなが感じられるだけなのか。ヒュームの答は後者である。

人格の同一性を生みだす因果関係

ヒュームによれば、知性は対象のあいだにいかなる結合も観察しないし、因果の結びつきでさえも、観念の習慣的連合にすぎないのである。このことから人格の同一性は、心に現れるさまざまな知覚に属してこれらを一つに結び合せるようなものではなく、われわれが知覚を省みるとき、想像において知覚の観念が結びつくところから知覚に帰するある性質にすぎないのである。

ところで、想像において観念を結びつけることのできる性質としては、類似、接近、因果性の三つの関係がある。したがって、同一性は三つの関係のどれかに依存していることになる。そこで問題は、われわれが人格の継続的存在を考えるときに、どのような関係によって、このような中断しない思考の進行が生みだされるのかということである。ここで接近は、この問題にまったく影響しないので、類似と因果性を考察すればよい。

まず類似に関して言えば、想像は、類似の存在によって同一性を生みだしやすくなる。このとき記憶が重要な働きをする。知覚継起のあらゆる変動のなかにあって、この継起に関係を与えるのが記憶である。記憶とは過去の知覚の心像をよびおこす機能にほかならない。

つぎに因果性が問題になる。ヒュームは因果性によって心の同一性を説明するとき、魂《ソウル》を共和国にたとえて、つぎのように述べる。

「この共和国では、個々の成員は支配と服従という相互的なきずなで結び合わされており、部分がたえず変化するなかにあって、この同じ共和国を伝えてゆく他の人びとを生みだしている。同じ一つの共和国は、その成員を変えるだけでなく、その法律や組織も変えることができるが、それと同じような仕方で、同じ人がその同一性を失うことなく、印象や観念ばかりでなく性格や気質を変えることができる。」(土岐邦夫訳)

この心の定義によれば、ヒュームが「心とは知覚の束あるいは集合にほかならない」と言うとき、それはさまざまな知覚の寄せ集め的な集合ではなくて、支配と服従というきずなで結びついている一つの組織ないし勢力を意味していることがわかる。つまり、心という観念は、因果関係によってつなぎ合わされ、相互に影響し合うさまざまな知覚すなわち存在の体系なのである。

ヒュームによると、因果性の場合も記憶が重要な働きをする。もし記憶をもたなければ、われわれは因果性を考えることもできず、自我を構成している原因と結果の連鎖にも考えがおよばないだろう。それゆえ、記憶は人格の同一性の源泉ではあるが、人格の同一性を実際に生みだすのは因果関係なのである。というのは、われわれは、因果性の考えを記憶によって獲得したのち、因果の連鎖を記憶のないところまでおよぼし、人格の同一性を広げることができるからである。

このように、ヒュームにとって、自我の観念は知覚という心的なものの集合とみなされているが、自我そのものは単に心的なものではない。ヒュームは、第二篇では「われわれの心と身体の諸性質が自我である」と述べ、自我を身体と心との複合体と考えている。

情念を主題として

ヒュームは、第一篇では知性(understanding)を主題として、われわれの心を内観して知性のいろいろな営みを探究した。第二篇では、情念（passion）を主題とし、情念の種類に応じてその原因を探究することを主要課題としている。

情念の分類

ヒュームは、情念の探究では、情念をいだく人びとの存在を当然のこととして是認し、その人びとが生活している社会や自然世界も認める。これは自然主義の立場である。かれは自然主義者として、そのような社会と世界のなかで生きる人びとを外部観察によって探究する。

情念に関しては、古くはストア派の哲学者たちが論じており、近世の哲学者の多くは、ストア派の哲学者から学びながら、それぞれの情念論を展開した。ヒュームは、マルブランシュ、マンデヴィル、ハチスンなどの影響のもとに情念についての考察を深めたものと思われる。

ヒュームは、最初情念の記述的分類から始める。すべての知覚が印象と観念とに分けられると同様に、印象は原初的と二次的とに分けることができる。原初的印象もしくは感覚の印象とは、先行する知覚がなくとも、身体の組織、あるいは外的器官に物が当たることから心に起こるようなものである。二次的印象もしくは内省の印象は、原初的印象のあるものから直接に生じるか、あるいはその観念の介在によって生ずるようなものである。

原初的印象とは、感覚機能のすべての印象とすべての身体的な快や苦である。二次的印象とは、情念とこれに類似する他の感動である。原初的印象は、自然的、物理的原因に依存するもので、その検討は解剖学や自然学の領域に属する。そこでヒュームは、ここでは二次的印象だけに限定して議論を進める。

ところで、内省的印象は、さらに二つの種類に、すなわち静かなものと激しいものとに分けることができる。第一の種類は、行為や構成や外的印象にみられる美や醜の感受であり、第二の種類は、愛や憎しみ、悲しみや喜び、誇りや卑下などの情念である。ただし、この区分は正確ではない。たとえば、詩や音楽に酔った恍惚《こうこつ》の喜びはしばしばこの上ない高さに達するが、他方では情念と本来はよばれる印象がおとろえて、きわめて穏やかな感動となり、ある程度まで知覚できなくなることもありうる。

ところで、情念をくわしく調べてみると、情念はさらに直接的と間接的とに分けることができる。この区分は情念の発生過程の相違にもとづくものである。直接的情念とは、善あるいは悪、快あるいは苦から直接に起こるようなものである。間接的情念とは、同じ原理からではあるが、他の性質と連接して生ずるようなものである。

ヒュームによれば、直接的情念のもとには欲望、嫌悪、悲しみ、喜び、望み、恐れ、失望、安心などが含まれる。間接的情念のもとには誇り、卑下、野望、高慢、愛、憎しみ、羨《うらや》み、憐《あわれ》み、悪意、寛大およびこれらに伴う諸情念が含まれる。

ヒュームの情念論の特色

ヒュームは、情念論で最初に誇り（pride）と卑下（humility）を考察する。このことはデカルトやホッブズにも見られないことであり、ヒュームの情念論の特色を示すものである。誇りと卑下の情念はきわめて単純な印象であるから、どんなに多くの言葉を費やしても正しい定義を与えることができない。けれども、誇りと卑下という言葉は、広く用いられており、しかも日常の経験によって知られているので、誰もがこれらの情念についての正しい観念をもっている。

ところで、誇りと卑下とは、まったく反対のものであるが、それらの対象は同じである。この対象とは、自我、すなわちわれわれが最も親しく記憶し意識している、関係し合う観念や印象の継起である。われわれは、誇りと卑下の情念によって動かされる場合、つねに視点は自我から離れないのである。そして自分自身についての観念がまさったものであるかそうでないかに応じて、いずれかの情念を感じ、誇りの場合意気があがり、卑下の場合意気鎖沈《しょうちん》するのである。自我が考慮されないかぎり、誇りや卑下の情念が生ずることはない。

自我は、誇りと卑下の情念の対象であるが、これらの情念の原因であるということは不可能である。なぜなら、誇りと卑下は正反対なものであり、しかも同じ対象をもつので、もしそれらの対象が原因であるとすれば、一方のある程度の情念だけをよび起こすことは不可能であって、他方の情念も同時に同じ程度によび起こすことになり、両者が互いに相殺《そうさい》して、どちらの情念をもよび起こさないことになるからである。一人の人間が誇りと卑下とを同時にもつことは不可能である。

したがって、誇りと卑下の情念の原因と対象とを、換言すれば「情念をよび起こす観念と、情念がよび起こされるときに視線が向かう観念」とを区別しなければならない。それでは誇りと卑下との原因は何であるか。それは想像、判断力、記憶、気質などの価値ある性質（たとえば、機知、分別、博識、勇気、正義など）である。これらと対立するものが卑下の原因である。

また誇りの原因は、単に心の性質だけでなく、身体の性質（たとえば、美貌、強さ、敏捷《びんしょう》さなど）でもある。さらにこれらの情念は少しでもわれわれと関係のあるものなら、どんな対象からでもよび起こされる。たとえば、国土・家族・子供・親類・財産・家・犬・衣服などである。これらは、ある場合には誇りの原因となり、他の場合には卑下の原因となる。

ところで、誇りと卑下という情念の原因を調べてみると、二つのもの、作用する性質と、この性質が帰せられる主体とが区別される。たとえば、ある人が自分の所有する美しい家を自慢するとしよう。この場合、情念の対象はかれ自身であるが、原因は美しい家である。この原因は、さらに二つの部分、すなわち情念に作用する性質とこの性質が帰せられる主体とに区別される。この場合、性質は美しさであり、主体はかれの所有物（家）である。この二つの部分は両方とも原因にとって本質的であり、区別も無益なものではない。

ただし、美が単に美と考えられるだけで、われわれに関係のあるものでないならば、美は決して自慢や卑下を生じたりしない。他方、われわれとどんなに強い関係があっても、美を欠いているか、またはそれに代わるものがなければ、それだけでは情念にほとんど影響をおよぼさないのである。

誇りと卑下の原因

つぎに誇りと卑下の情念にこのような対象、性質、主体を割り当てるものが何であるかという問題を考察してみよう。この考察によって誇りと卑下の成立過程が解明される。

まず第一に、誇りと卑下の情念が自我を対象としてもつように規定されるのは、自然的特性によるだけでなく原初的特性（an original property）にもよるのである。この特性が自然的である点は、その作用が恒常的で一定していることから明らかである。またこの特性が原初的性質から生じる点も、この特性が誇りと卑下の情念を他の情念から区別する特徴であることを考えれば、同様に明らかであろう。ヒュームは、ここで「自然的」と「原初的」を区別して用いている。原初的なものはすべて自然的であるが、自然的なものがつねに原初的であるとはかぎらないのである。

もし心にいくらかの原初的性質が与えられていないかぎり、心にはいかなる二次的性質もありえないだろう。というのは、原初的性質が与えられない場合には、心は活動のもととなるものをもたず、働きはじめることもできないからである。そしてこの原初的性質は、精神から切り離すことが最も困難なものであり、かつ他の性質に還元できないようなものである。誇りと卑下の対象を規定するのは、まさにそのような性質なのである。

つぎに、誇りと卑下の情念を生じる原因を調べてみると、その原因は明らかに自然的であるが原初的ではないことがわかる。これらの原因は自然の特別な配慮によって誇りや卑下の情念に適合させられているのではない。原因の数が驚くほどであり、しかも原因の多くは、人の手が加わった結果であって、人びとの勤労から、人びとの思いつきから、あるいは幸運から生じるのである。たとえば、勤労は家屋や調度や衣服を生産し、思いつきはそれらの種類や性質を決定する。また幸運は物体の混合や組み合わせから生じる効果を発見して、これらすべてのことに貢献するのである。

ヒュームは、こうして二つの真理、すなわち「こうした多様な原因が誇りや卑下をよび起こすのは自然な原理からであること、およびちがった原因がその情念に適合するのは、それぞれちがった原理によるのではないこと」を確立するのである。

印象の連合

それではこれらの原理をさらに少数の原理に減らすことができるかどうかを研究してみよう。このためには、知性と情念の両方にわたってそのあらゆる作用に強い影響をおよぼしている人間本性のいくつかの特性について考えてみなければならない。

第一の特性は「観念の連合」である。心はかなりのあいだ一つの観念のうえに固定することが不可能である。われわれの思想は変化しやすいけれども、その変化は無規則になされるのではない。そしてこの思想を進める規則が類似、接近、因果性である。

第二の特性は「印象の連合」である。すべての類似する印象は、結び合っていて、一つの印象が

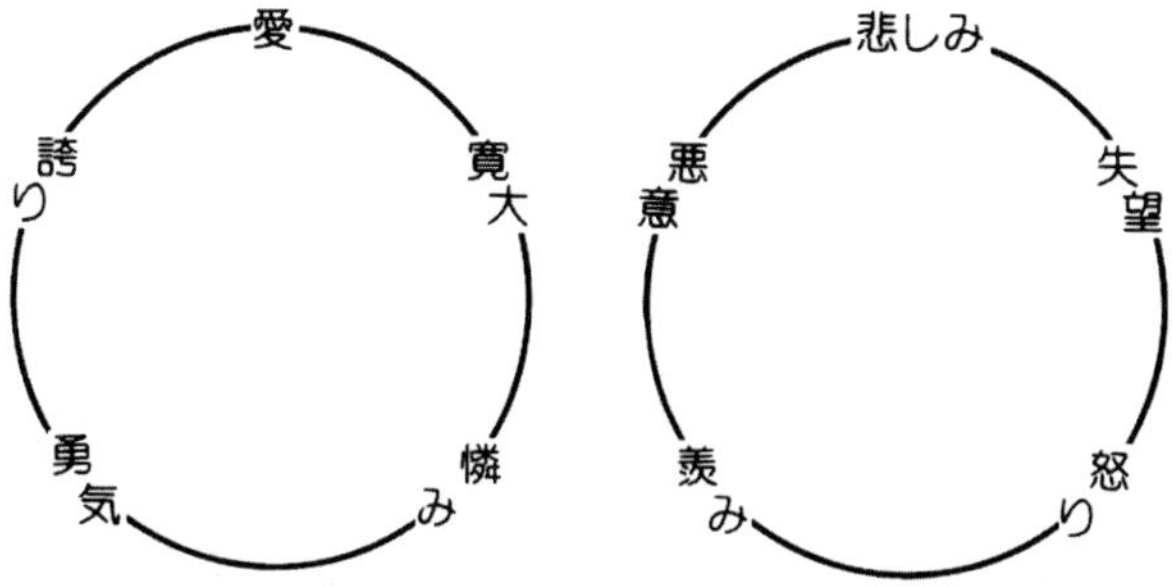

印象の円環

起こると、残りの印象もすぐに続いて起こる。たとえば、悲しみや失望は、怒りを生じさせ、怒りは羨みを、羨みは悪意を、悪意は再び悲しみを生じさせ、こうして情念の全体の円環が完結するのである。

また喜びで高められた気分は、同じような仕方で、自然に愛、寛大、憐み、勇気、誇り、その他の類似した感動へと傾き移る。このように、心は何らかの情念が強まると、その情念だけに閉じこもることは不可能である。それゆえ、印象のあいだにも、観念の場合と同様に、引力または連合がある。観念は類似、接近、因果性によって連合されるが、印象は、類似によってのみ連合されるのである。

第三の特性は、第一と第二との結合である。つまり観念の連合と印象の連合が同じ対象に起こる場合である。このとき両者は、相互に大いに助け合い、移行はもっと容易になされるのである。たとえば、他人から傷つけられて気分を乱されて、いらだっている人は、とかく不安、あせり、恐れ、その他の不快な事柄に出会いがちである。

これらの原理は、疑問の余地のない経験にもとづいて確立されたので、誇りと卑下のあらゆる原因を調べて、これらの原理をどのように適用したらよいか考察してみよう。

まず原因となる諸性質を調べてみると、その多くは、誇りと卑下の情念とは独立に、快や苦の気持ちを生ずる点で共通している。たとえば、容姿の美しさは、誇りとともに快をもたらし、他方、容姿の醜さは卑下とともに苦をもたらす。また豪華な宴会は、われわれを快くし、貧弱な宴会は不快にする。

つぎに、これらの性質が属する主体を調べてみると、これらの主体はわれわれ自身の部分か、あるいはわれわれと近い関係にある何ものかである。たとえば、われわれの容姿、家、家具、身の回り品などの美しさないし醜さは、われわれに誇りないし卑下をもたらす。ところが、同じ性質でも、われわれと何の関係もない主体に移し変えられると、これらの感情に少しの影響もおよぼさないのである。

以上の考察をまとめてみると、誇りと卑下の情念に関して、つぎのことが明白になる。

「われわれ自身と関係をもつすべての快い対象は、観念の連合と印象の連合とによって誇りを生み、不快な対象は卑下を生ずるのである。」

愛と憎しみの解明

ヒュームは、誇りと卑下について考察したあとで、間接的情念のうちで基本的なものである愛（love）と憎しみ（hatred）をとりあげて、解明を試みる。

ヒュームによると、愛や憎しみの情念について何らかの定義を与えることはまったく不可能である。というのは、これらの情念は、単純印象を生ずるだけであって混合や構成が少しもないからである。だが、これらの情念は、日常の生活や経験から十分に知られているものであるから、直接解明を試みてもさしつかえない。

まず、愛と憎しみの対象は、誇りと卑下の対象が自我であるのと同じように、「ある他の人物」である。われわれの愛と憎しみは、つねにわれわれにとって外的な感受力をもった存在に向けられる。それゆえ、われわれが自己愛（self-love）について語るとき、それは本来の意味においてではない。自己愛が生みだす気持ちには、友人や愛人によってよび起こされるようなやさしい感動と共通するものは何もない。

ところで、愛と憎しみの原因を調べてみると、その原因がきわめて多種多様であって共通するものをあまりもたないことがわかる。たとえば、ある人の徳、知識、機知、分別、よい気立ては、愛と尊敬を生じ、これらと反対の性質は憎しみと軽侮《けいぶ》を生ずる。また美、力、迅速さ、器用さなどの身体的な洗練からも愛と尊敬が生じ、これらと反対のものから憎しみと軽侮が生ずる。さらに、家族、財産、衣服、国民、国土などの優越または劣等からも、同じ情念が生ずる。

愛と憎しみの原因を、さらにくわしく調べてみると、原因のうちに作用する性質とその性質が属する主体とを区別することができる。たとえば、豪壮な王宮をもつ支配者は、そのために尊敬をうける。それは、第一に王宮の美しさによって、第二に王宮と支配者とを結びつける所有の関係によってである。これら二つのどちらを除去しても、その情念は消滅してしまう。このことは、原因が複合的なものであることを明白に示している。

以上のことから、愛と憎しみの対象は、明らかに「ある思考する人物」であること、愛の情念はつねに快く、憎しみの情念の気持ちはつねに不快であることを指摘することができる。愛と憎しみの原因がこうした情念を生ずるためには、ある思考する存在と関係をもたなければならないということは、議論の余地がない。たとえば、抽象的に考えられた場合の徳や悪徳、生命のない事物にみられる美や醜、第三者に属する貧困や富などは、これらとまったく関係のない人びとにとっては、少しの程度の愛や憎しみも、尊敬や軽侮もよび起こしはしないのである。

また愛と憎しみの情念に印象の関係が必要なことは、一見したところそれほど明白ではない。その理由は、推理において、一方の印象が他方の印象とあまりにも混り合ってしまって、区別できないほどになっているからである。

このように、誇りや卑下を生ずるのと同じ性質が愛や憎しみをひき起こすのであるから、前者の情念の原因が、情念とは独立に快または苦をよび起こすことを証明するために用いられた議論のすべては、後者の情念の原因に対しても、等しい明証性で適用されうるであろう。

最後に、誇りと卑下、愛と憎しみという情念の本性と相互のあいだの位置とを考えてみると、これらの情念は、いわば正方形の形に、つまり等しい間隔で、等しい結びつきに置かれていることがわかる。その関係を図で示すと、次ページのようになる。

意志の自由

ヒュームは、第二篇の第三部で、意志と直接的な情念の関係を考察する。直接的な情念とは、観念の媒介なしに善や悪、快や苦から直接に生ずる印象のことである。この種類のものとして、欲望、嫌悪、悲しみ、喜び、望み、恐れがあげられる。ヒュームによれば、快や苦がもたらす直接的な結果のうちで「意志」ほど注目されるものはない。意志は、本来的には情念のうちに含まれないが、意志の本性とそれがもつ諸特性を理解しておくことは、情念の解明にとって不可欠なことなのである。

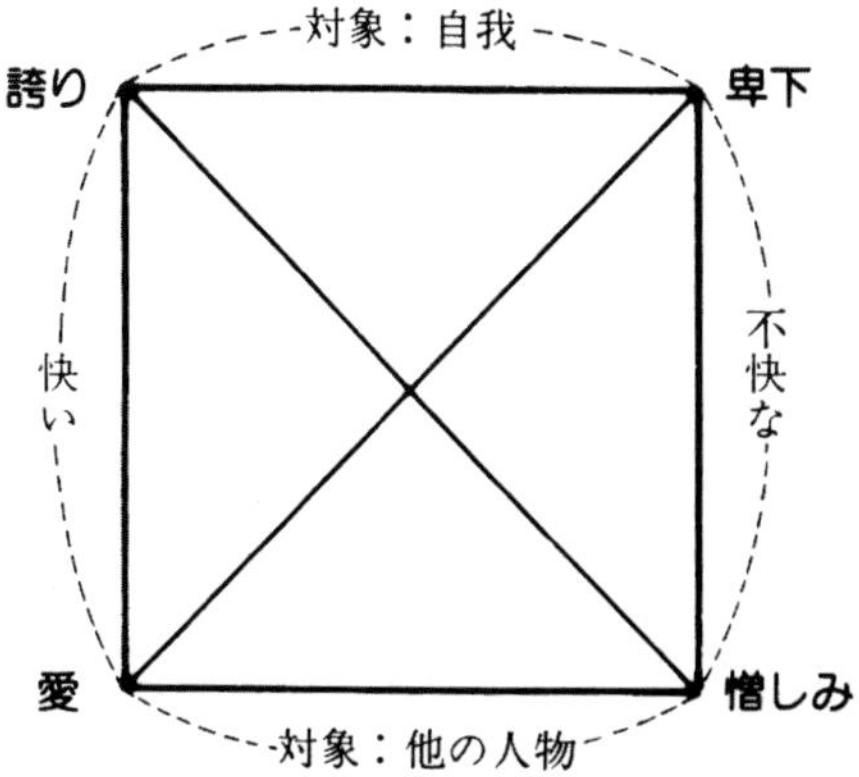

誇りと卑下，愛と憎しみとの関係

ヒュームは、意志ということで、「われわれが何か新たに身体の運動または心の知覚をそうと知りつつ生起するときに、われわれが感じ意識する内的な印象にほかならない」ということを意味する。この印象は、愛と憎しみの印象と同じように、定義できず、これ以上の説明を与えることができないものである。

ところで、「意志の自由」という問題は、古くから哲学者やキリスト教の神学者によってくりかえし論議されてきた。この問題が人びとの関心を集めてきたのは、それが自由と責任の問題に関係するからであった。われわれは、一般に行為を自由になすことができるとき、責任があると考えている。だが、決定論(必然性の説)によれば、人間の行動、欲求、思想などのすべての出来事は、因果法則によって決定されている。それゆえ、決定論が真であるならば、人間は行為を自由になすことはできない。

他方、もし決定論が誤りであるならば、いくつかの出来事は因果法則によって決定されておらず、偶然に生じることになる。だが、偶然によって生じるものは人間の統制力を越えている。それゆえ、人間はこの場合も行為を自由になすことができないことになってしまう。意志の自由の問題は、このようなディレンマ（dilemma）におちいりやすく、簡単に解決できない難問の一つとみなされている。

また近代において、意志の自由の問題が再び注目されたのは、人間の行為に対しても、自然現象と同じように、因果法則を適用しようという試みと、人間が意志の自由をもつという自然感情との衝突を契機としてであった。

自由と必然

ヒュームによると、外的物体の作用は必然的であって、物体間の運動の伝達・引力・相互の凝集には自由のわずかな形跡すらないことは、広く一般に認められている。このことが心の活動についてもあてはまるかどうかを知るためには、最初に物質を吟味してその作用についての必然性の観念が何をもとにしているかを考察してみよう。

第一篇ですでに考察したように、われわれは、一つの事例にとどまるかぎり、感覚機能によっても、理性によっても、いかなる事物の究極的結合も発見することはできない。またわれわれには、物体の本質や構造まで見抜いて、物体相互間の影響が依存する原理を知覚することも決してできない。われわれが知っているのは、物体がいつも連接しているということだけである。そしてこの恒常的連接から必然性が生ずるのである。

もしも物体相互のあいだに規則的連接がなかったとすれば、われわれは原因と結果の観念を決してもつことはないであろう。それゆえ、必然性にとって本質的なものと考えられる二つの事柄がある。すなわち、物体相互間における恒常的連接と心の推理とである。われわれは、この二つが見いだされる場合にはどんな場合でも必然性を承認しなければならない。このような推理を生みだすのは連接の観察である。したがって、もし心の活動にも恒常的連接があることを証明すれば、心の活動の必然性を確立することになるであろう。

まず、われわれの行為が動機、気質、環境と恒常的に連接していることを経験をもとにして証明してみよう。この目的のためには、人間に関する事柄のふつうのあり方をほんの少し概観するだけで十分であろう。それらの事柄はどんな見方でとらえられたとしても、この原理を裏づけている。人類を性、年齢、身分、教育方法などの相違に応じて調べてみると、自然界の原理と同じ規則的な作用が見わけられる。

自然界の要素や力が相互に働き合う場合と同じように、似かよった原因は、似かよった結果を生じるのである。たとえば、日雇労働者の皮膚・毛孔・筋肉・神経は、身分ある人のそれとは異なっているし、両者の気持ちや行動なども異なっている。というのは、生活階層の相違は、人間の心身のしくみの全体に影響をおよぼすものだからである。

またわれわれは、紙に書かれた一定の文字や数字を見ると、それらを書いた人物が、シーザーの死、アウグストゥスの成功、ネロの凶暴といった事実を肯定しようとしていたのだと推理する。そしてこれらと一致する多くの証拠を思いだして、そういう事実がかつて実際にあったのだと断定するのである。このような仕方で推論する人は、事実上意志の働きが必然性から起こると信じているのである。

自由意志論への反駁

ヒュームによれば、自由意志を主張する説は、ある意味では不合理であり、他の意味では理解しがたいものである。それにもかかわらず、この説が広くうけいれられているのは、つぎのような三つの理由にもとづいている。

第一に、われわれはある行為をなしたあとで、特定の意図や動機によって影響されたことを認めても、必然性によって支配され、別の行為をなすことができなかった、と自分に言い聞かせることは困難である。必然性の観念には何か力とか拘束といったものが含まれているように思われるが、それがわれわれには感じ取れないのである。自発性の自由と無差別の自由とを、換言すれば、無理強いに対立するものと必然性や原因の否定を意味するものとを区別できる人はほとんどいない。最初の意味の自由こそ、この言葉の最もふつうに用いられている意味である。この種の自由こそ、われわれが保持しようと望んでいるものである。

第二に、無差別の自由についても、偽りの経験があり、これが無差別の自由が存在することの論拠とみなされている。物質にせよ心にせよ、あらゆる活動の必然性は、本来は活動する人のなかにある性質ではなくて、その活動を考察する人のなかにある性質なのである。

またわれわれは、たいていの場合、行為が意志にしたがっていることを感じ、しかも意志そのものは何ものにもしたがわないと想像している。なぜなら、これを否定して意志を拘束するものがあるかどうかをためす気になると、われわれは意志がどんな方向にでも容易に動いて、実際には意志が定着しなかった側にでも、意志自身の映像を作るように感じるからである。そしてこの映像が完成されて、実際の意志そのものになりうるはずだと信じこんでいる。

もしこのことが否定されたとしても、ためしてみれば、そうなりうるのがわかるというわけである。しかし、そうした努力は、すべて無駄である。たとえどんなに気まぐれででまかせの行為をなそうとも、自由を示したいという欲求がその行為の唯一の動機なのだから、われわれは、必然性の束縛から決して解放されないのである。

われわれは、自分自身のうちに自由を感じると想像するかもしれない。しかし、外部から見る人は、われわれの行為を動機や性格から推理できるのである。このように、行為を動機や性格から推理することこそ、必然性の本質そのものなのである。

第三に、意志の自由を主張する説が、必然性の説〔決定論〕よりも世間にうけいれられてきたのは、宗教のせいである。宗教家はこれまでこの問題に異常なほどの関心を寄せてきた。ところで、哲学上の論争において、ある仮説を宗教や道徳に対して危険な帰結をもたらすという口実で論駁することは、ありふれた論究方法であるが、これほどとがめられるべき方法はない。

それに必然性の説は、宗教や道徳にとって危険なものではなく、むしろ好都合なものである。もしこの種の必然性がなければ、宗教も道徳も完全にくつがえされてしまうだろう。またすべての人間の法は、賞罰をもとにしている。それゆえ、これらの動機が心に影響をおよぼしてよい行為を生じ、悪い行為を妨げることが根本的原則として想定されているのである。

さらに神が罪のいまわしさのゆえに罪に報いる者とみなされるときでも、人間の行為に原因と結果の必然的結合がなければ、罰を正義や道徳的公正にかなうように課することができなくなってしまうであろう。したがって、われわれがその行為から賞罰をうけるのは、たとえ一般の意見が反対の説に傾くとしても必然性の原理にもとづくのである。

やわらかい決定論に近い立場

ヒュームは、『人間知性研究』の第八章でも、自由と必然について述べているが、そこで注目に値することは、言葉の混乱を解消するならば、自由と必然性とのあいだには真の対立は存在しないと主張していることである。

ヒュームによると、意志の自由をめぐる問題が長いあいだ論議されながら、未解決のままになっているのは、論争の際に用いられている言葉の曖昧《あいまい》さにもとづいている。必然性の説においても、自由の説においても、すべての人びとの意見は一致しているのである。ある任意の行為に対して「自由」という語が用いられる場合、自由という語は何を意味しているのか。そのとき、自由とは「意志の決定にしたがって行為をしたりしなかったりする能力」を意味している。換言すれば、われわれが動くまいと思えば動かないで、動こうと思えば動くことができるということを意味している。この仮定された自由は、囚人でしかも鎖につながれている者を除けば、誰もがもっていると一般に認められている。

ヒュームがここで主張していることは、外的束縛（たとえば、鎖や牢獄など）のもとにない人はすべて自由であるということ、および人間は、自由であるとともに因果的に決定されているということである。

以上の考察で明らかなように、ヒュームは、人間の行為の領域には因果性の原理が適用できない部分があるとして自由意志を説く立場に反対して、必然性の説を擁護している。決定論（必然性の説）には「かたい決定論」とよばれるものと、「やわらかい決定論」とよばれるものがある。かたい決定論とは、すべての出来事は因果的に決定されているから、人間には選択の自由も行動の自由もないと主張する立場である。やわらかい決定論とは、すべての出来事が因果的に決定されていることを認めながら、他人の強制や外的障害がなく、行為の決定要因が行為者の意志にあるとき、その行為を自由であると主張する立場である。

ヒュームは、やわらかい決定論に近い立場をとっている。このことはヒュームにおける懐疑の性格を解釈する際に留意しなければならない重大問題であろう。

理性と情念

ヒュームの倫理学における特色の一つとして、倫理的理性主義の批判があげられる。ヒュームは、第三篇の議論に先立って、第二篇の第三部第三節で、倫理的理性主義を批判したうえで、理性と情念のそれぞれの役割と性格、および両者のかかわり方を論じている。ヒュームによれば、哲学においても、日常生活においても、情念と理性との戦いについて語り、その際情念よりも理性を優先させて、理性の命令にしたがうかぎり有徳であると主張することほどありふれたことはない。こうした主張によれば、人間は自分の行為を理性によって規制すべきであって、もし何らかの他の動機や原則が行為を導こうとするときには、あくまでこれに抵抗して鎮圧してしまわなければならないのである。

古代においても近代においても、道徳哲学の多くは、こうした考え方をもとにしているように思われる。ヒュームは、古代ではストア派を、近代のイギリスでは、レイフ＝カドワースやヘンリー＝モアなどのケンブリッジ－プラトン派、およびウォラストンやクラークなどの理性論者の見解を想定していたのであろう。

このように想定された情念に対する理性の優位ほど、形而上学的な議論においても、一般の演説においても、ゆとりのある戦いはない。理性の永遠性、不変性、神的起源がこのうえなく顕示されてきたし、他方では情念の盲目性、不定さ、欺瞞《ぎまん》性が強く主張されてきた。

しかしながら、ヒュームは、このような倫理的理性主義の考え方が誤っているとし、その誤りを示すために、つぎの二つの命題を証明しようと試みる。

一、理性だけではいかなる意志の働きにとっても、決して動機となりえないこと。
二、意志を導く際に、理性が情念と対立することは決してありえないこと。

まず、第一の命題について考えると、知性は二つの異なった仕方で機能を発揮する。すなわち、論証にもとづいて判断するか、蓋然《がいぜん》性にもとづいて判断するか、換言すれば、観念間の抽象的関係を考察するか、あるいは経験のみが知らせる対象の関係を考察するかである。

ところで、最初の種類だけで何らかの行為の原因になると主張するものは、まずないであろう。なぜなら、この種の推論の本来の領域は観念の世界であるからだ。他方、意志はわれわれをつねに実在の世界に置くのである。それゆえ、論証と意志作用とはまったくかけ離れているように思われる。

機械学は物体の運動をある計画された目的に合うように調整する術である。またわれわれが数の割合を確定する際に算術を用いる理由は、行為に対して数がおよぼす影響と作用の割合を見いだすためである。このように、論証的な推論がわれわれの行為に影響を与えるのは、原因と結果についての判断を正しくする場合だけである。

つぎに、知性の第二の作用について考察してみよう。ある対象から快あるいは苦を予期するとき、われわれはその結果として嫌悪または愛着の感動が起こるのを感じ、この不快または満足を与えると思うものを回避したりまた取り込む気にかられる。明らかに、こうした感動はこれだけにとどまらないで、あらゆる面に視線を向けさせて、そのもとの対象と因果の関係によって結合しているすべてのものを包み込む。それゆえここに、この原因と結果の関係を見いだすための推論が生じる。そして推論が変わるのに応じて、われわれの行為も変わる。

しかし、この場合、行為の衝動は理性から起こるのではなくて、ただ理性によって導かれるだけである。ある対象に対して愛着または嫌悪が生ずるのは、快あるいは苦の予期からである。これらの感動は、理性と経験の指示によって、その対象の原因や結果へと広がってゆくのである。しかし、もし原因や結果がわれわれにとってどうでもよいものであるとすれば、いかなる対象が原因で、いかなる対象が結果であるかを知ることが関心をひくことはないだろう。したがって、理性は対象の因果的結合を見いだすだけであるから、対象がわれわれの心を動かすことができるのは、理性によってではないのである。

「理性は情念の奴隷」

ヒュームは、このようにして、理性だけではいかなる行為の動機ともなりえないことを明らかにしたのち、第二の命題、意志を導く際に、理性と情念の対立はありえないということの説明を始める。ヒュームによると、理性だけでは、いかなる行為を生ずることもできず、換言すれば意志作用を生ずることもできないのだから、同じ理性という機能が意志作用を妨げたり、情念と優先を争うこともできないはずである。このあとで、ヒュームは、有名で刺激的な言葉を述べるのである。

「われわれが情念と理性の戦いについて語るときには、われわれは厳密に、哲学的に話しているのではない。理性は情念の奴隷であり、またそれだけのものであるべきであって、理性は情念に仕え、従う以外に何らかの役目をあえて望むことは決してできないのである。」（土岐邦夫訳）

ここで用いられている「理性は情念の奴隷である」という文章は、ときどきヒュームの倫理的理性主義批判のスローガンのように解釈されることもあるが、全体的連関に配慮しない解釈は、ヒュームの真意を曲解するおそれがある。この箇所を素直に解釈すれば、理性は行為の直接的動機となることができず、その意味において理性は情念に屈服するということを表現しているのである。したがって、この文章を、理性はいかなる場合にも情念に対して無力であると解釈してはならない。ヒュームの文章には、このような刺激的表現がしばしば見られるが、こうした誇張的表現は相手を論駁する手段としては有効であったのであろう。

またヒュームは、情念が理性に譲歩する場合もありうることを指摘する。かれによれば、理性と情念とが対立し合ったり、意志や行為の支配をめぐって争ったりすることは決してできないのである。われわれが想定の誤りあるいは手段の不十分さに気づいたときには、情念は理性に譲歩するのである。たとえば、私がある果物をすばらしい味であろうと思って欲することがあるだろう。だが、私が間違っていることを納得させられるならば、私の欲望は消えうせるであろう。

ところで、ヒュームは理性と情念の区別をいっそう明確にするために、情念のユニークなあり方を強調して、つぎのように述べている。

「情念は原初的な存在である。あるいはそうよびたければ存在の原初的な変容である。つまり、情念は、これを何かほかの存在、あるいは変容の写しとするような再現的性質を何も含んではいない。たとえば、私が怒っているとき、私は現実に情念をもっているのであり、その感動において他の事象と何のかかわりももっていない。……したがって、この情念が真理や理性と対立するとか、矛盾するとかいうのは不可能なのである。」（土岐邦夫訳）

このように、情念は印象の部類に属しており、その意味で原初的存在である。それはまたユニークな存在であり、存在の原初的な変容であって、他の情念や行為とのかかわりを含んでいない。したがって、情念は、観念の関係に一致したり他の実在を写すということがありえないので、理性と対立したり争ったりすることは不可能なのである。

道徳を主題として

道徳について

ヒュームは、第一篇の「知性について」と第二篇の「情念について」の箇所で、狭い意味における人間本性そのものの分析的探究を試みて、知性と情念とが人間本性の学の基礎になっていることを明らかにした。第三篇の「道徳について」の箇所では、第一、第二篇の考察によって見いだされた人間本性の諸原理を、道徳(morals)といういっそう具体的な人間の諸事象に適用して、そこで行動の諸原則を把握しようと試みている。

ヒュームによれば、道徳は、他のあらゆる問題よりもわれわれの興味をひく問題である。というのは、社会の平和が道徳についてのもろもろの決定に依存しているからである。ここで「道徳」とよばれるものは、狭い意味での道徳や倫理を含んでいるが、それに限定されなくて、社会哲学、政治学などの領域をも含んでいる。

ヒュームの道徳論における根本問題は徳である。徳については、二つの課題、すなわち、徳の種類と由来、および徳に伴う道徳性の根拠がある。徳は大別すると自然的徳と人為的徳に区別される。ヒュームは、『人性論』では、最初に人為的徳を考察し、そのあとで自然的徳を考察している。その理由は、人為的徳のほうが、その成立過程に考究すべき多くのものをもっているためであろう。

ヒュームによれば、人間の心に現れるものは知覚以外にない。それゆえ、心は知覚という名辞のもとに包括されないような何らかの働きとして作用を現すことは決してできない。この名辞は、道徳的善悪を区別する判断にも、他のあらゆる心の作用の場合と同じように適用される。

ところで、知覚は印象と観念とに区別される。この区別が道徳について一つの問題を提起する。「それは、われわれが徳（virtue）と悪徳（vice）とを区別して、ある行為について、非難されるべきである、あるいは賞賛に値すると宣告するのは、観念によってなのか、それとも印象によってなのか、という問題である。」（土岐邦夫訳）

徳と悪徳は、われわれの行為や情念にかかわるものであり、しかも単なる観念そのものは、行為や情念に影響をおよぼすことができないものである。それゆえ、徳と悪徳との区別は観念によって与えられない。このことは、理性の役割が真偽を見いだすことから明らかにされる。

真偽は、観念のあいだの実際の関係との一致または不一致か、それとも実際の存在や事実との一致または不一致か、そのいずれかである。このような一致または不一致をいれる余地のないものはすべて、真または偽であることができず、理性の対象となることはできない。ところで、情念、意志作用、行為には、このような一致とか不一致をいれる余地はない。したがって、徳と悪徳を区別できるのは、印象によるのでなければならない。

理性に由来しない道徳的区別

ヒュームによると、哲学は、ふつう思索的なものと実践的なものとに区別される。道徳は、後者に属し、われわれの行為や情念に影響をおよぼすものである。

ところが、哲学者のなかには、「徳は理性との合致にほかならない」とか、「事物を考えるすべての理性的存在者に共通する事物本来の目的への適合性、不適合性がある」とか、「正と不正の不変な基準は、人間にだけでなく神にも責務を課する」と主張する人びとがいる。

これらの見解は、道徳が真理と同じように、ただ観念によって、換言すれば、観念の並置や比較によって見わけられると考える点で一致している。これらの見解が正しいかどうかを判定するためには、理性だけで道徳的善悪が区別できるかどうかを考察しなければならない。

もし道徳が人間の行為や情念にいかなる影響もおよぼさないとしたら、苦労して道徳を教え込んでも無駄であろう。またあらゆる道徳家が説く多くの規律や教訓ほど効果のないものはないであろう。

そこで道徳は、われわれの行為や情念に影響をおよぼし、知性の冷静で心を動かさない判断の範囲を越えるものと想定される。このことは日常の経験によっても裏づけられる。というのは、人びとはしばしば義務の支配をうけて、不正な行為を思いとどまり、責務の念によって他の行為へ馳《か》り立てられるからである。このように、道徳は行為や情念に影響をおよぼすものであるから、道徳的区別が理性に由来しないことは明らかである。

「道徳は情念をよび起こし、そして行為を生じさせたり、妨げたりする。ところが、理性そのものはこの点についてまったく無力である。したがって、道徳の規則は理性の決定なのではない。」（土岐邦夫訳）

このように、理性が行為や情念に影響をおよぼさないことを認めるかぎり、道徳的区別が理性によってのみ見いだされると主張することはできない。能動的原理は非能動的原理をもととすることはできないのである。理性そのものが非能動的であるとすれば、理性はそのあらゆる形態において、非能動的なままにとどまらなければならないのである。したがって、理性は、良心ないし道徳感のような能動的原理の源泉であることは決してできないのである。

「である」と「べきである」

ヒュームによれば、ある哲学者たちは、道徳が論証できるという見解を熱心に主張してきた。だが、このような論証を一歩でも進めることはできなかった。それにもかかわらず、かれらには道徳学を幾何学や代数学と同じような確実性にまでもたらすことができるということが最初から前提されていた。この仮定にもとづくと、徳と悪徳は、ある関係に存しなければならないということになる。

これらの哲学者たちは、徳と悪徳がある関係にあると主張したが、道徳性が関係にあり、その関係が理性によって識別できるとは言わなかった。かれらが言ったのは、理性は、かくかくの関係にあるかくかくの行為が有徳であって、他のかくかくの関係にあるかくかくの行為は悪徳であることを見いだすことができるということである。

もし徳と悪徳とが論証できる関係にあるとすれば、その関係は、第一篇の第三部第一節で述べたように、類似、反対、質の程度、量および数の割合の四つだけである。だが、この場合には矛盾におちいって、そこから脱出することが不可能である。その理由は、これらの関係のどれもが、非理性的なものにも、生命のないものにも適用できるので、生命のないものさえ道徳的に価値があるという不合理を生じる。したがって、道徳の本質がこれらの関係のどれにもないことは疑問の余地のないことである。

ヒュームは、第一部第一節の最後の箇所で、「である」と「べきである」との関係について、つぎのように述べる。

「どの道徳体系においても、私はつねに気がついていたのだが、その著者は、しばらくのあいだ通常の仕方で論究を進め、それから神の存在を立証し、人間に関する事柄について所見を述べる。ところが、突然、出会うどの命題も、であるとかでないというふつうの連辞で命題を結ぶかわりに、べきであるまたはべきでないで結ばれていることに気づいて、私は驚くのである。この変化は目につきにくいが、きわめて重要なことである。なぜなら、このべきである、あるいはべきでないというのは、ある新しい関係、断言を表現しているからである。」

この段落は、「である」と「べきである」の区分を最初にはっきりとした形で問題としたものとして知られている。この段落を先行する文脈から切り離してしまうと、「である」から「べきである」

を、換言すれば、事実から当為を論理的に導くことが不可能なことを述べているように解釈することができる。現代英米倫理学では、G＝E＝ムーアの「善は定義できない」という考え方と結びついて、事実命題と当為命題とが峻別《しゅんべつ》されるようになるとともに、この段落の解釈をめぐって論争が盛んにくりかえされてきた。

ところで、先行する文脈とこの段落を結びつけて解釈するならば、ヒュームは、当時の神学的で思弁的な道徳論が「である」と「べきである」とを混同して、その正当性を強調しているのに対して、道徳を観察と経験にもとづいて探究する立場から批判したものと解釈することができる。

道徳感覚に由来する道徳的区別　ヒュームは、道徳的区別が理性に由来しないことを明らかにしたので、つぎに、道徳的区別が徳と悪徳のひき起こす印象、すなわち道徳感覚に由来することを解明する。

徳と悪徳は理性によって見いだされないから、徳と悪徳のちがいを定めることができるのは、両者がひき起こす、ある印象または感情によるのでなければならない。したがって、「道徳は判断されるというよりも、いっそう適切には感じられる」のである。この感じは、通常きわめて静かでかつ温和であるので、ともすると、理性的な観念と混同されがちである。

それでは、これらの印象はどのような性質のもので、どのようにしてわれわれに作用するのだろうか。ヒュームは、この疑問に対して、「徳から起こる印象が快で、悪徳から起こる印象は不快である」と宣言し、すべての経験がこのことを承認させるにちがいないと述べている。たとえば、高貴で寛大な行為ほど美しいものはなく、残忍で背信的な行為ほど嫌悪の情を与えるものはない。

このように、道徳的善悪を知らせる印象は、ある特殊な快苦にほかならない。それゆえ、道徳的区別についての研究において、なぜある性格が賞賛されまたは非難されるかを納得するには、その性格を見たときの満足または不快を感じさせる原理を明示すれば十分であろう。たとえば、ある行為や性格は有徳であるか、あるいは悪徳である。なぜか。われわれがそれを見ると、ある特殊な種類の快または不快がひき起こされるからである。

「およそ徳の感覚をもつとは、ある性格を見つめることから、特殊な種類の満足を感じることである。感じそのものが賞賛、賛美を構成しているのである。……われわれは、ある性格が満足を与えるがゆえにその性格は有徳であると推論するのではない。その性格がある特殊な仕方で満足を与えると感じることで、その性格が有徳であると実際に感じるのである。」

このように、もし徳と悪徳が快苦によって決定されるなら、快苦という性質は、あらゆる場合に感覚から起こるはずであるから、生命のない事物も有徳または有徳になることであろう。ヒュームは、このような反論がなされることを予想して、この種の快苦の感じはつぎの三つの条件を伴うと主張する。

第一に、快という名辞は質的に異なるさまざまな感情を包括している。たとえば、よい音楽もよい酒も等しく快を生じるが、両者の快を混同して、酒が和声的であるとか、音楽がよい香りをもつとか言ってはならない。これと同じように、生命のない事物と人物の性格や感情が与える満足とを混同してはならない。

第二に、性格や行為から生じる快苦の感情のすべてが、われわれによって賞賛または非難される特殊な快苦ではない。道徳的に善悪とよぶことができる快苦の感情は、特殊な利害と関連させないで一般的に考察することから生じる。

第三に、徳と悪徳は、われわれ自身のうちに置かれるか、または他人のうちに置かれなければならないし、また快または不快のいずれかをひき起こさなければならない。それゆえ、誇り、卑下、愛、憎しみの情念の一つを生じなければならない。この点において、徳と悪徳についての快苦は、生命のない事物から生じる快苦と明白に異なるのである。

ホッブズから マンデヴィルへ

ヒュームは、『人性論』の第三篇の第一部で徳と悪徳とを考察したあとで、第二部で人為的徳としての正義論を展開する。ヒュームの正義論と、これと関連して言及される市民社会論は、かれの思想のなかでも、最も独創的なものと評価されている。人為的徳としての正義論を考察するまえに、ヒュームが当時の道徳哲学の二つの潮流に対してどのような批判をしているかを考察してみたい。

一七世紀中葉から一八世紀にかけてのイギリスにおいて、道徳哲学には二つの主要な潮流がみられる。ここでいう道徳哲学とは、今日の倫理学のことだけを意味するのではなく、もっと広い人間と社会に関する認識――今日の哲学および社会科学――のことを意味している。当時の道徳哲学には、ホッブズからマンデヴィルへの流れと、シャフツベリからハチスンへの流れがある。前者の立場は、「利己説」とよばれ、後者の立場は「利他説」または「道徳感覚説《モラルセンス》」とよばれる。この分類については、浜田義文氏の見解を参考にした。

ホッブズ（一五八八〜一六七九）は、『リヴァイアサン』において、利己的人間が国家を設立した理由をつぎのように述べている。人間は、自然状態においては、心身両面において平等であり、自己保存のためにはいかなる手段を用いてもよいという自然権が与えられていた。そしてこの自然権の行使によって「万人の万人に対する闘争」という戦争状態が生じた。これでは各人の生命そのものが危険にさらされてしまう。そこで人間は自己保存のために平和を求めよという自然法（＝理性の声）にしたがって、自然権を放棄して相互に契約を結び、各人の代表者である主権者を選んで国家を設立したのである。

ホッブズ

このように、ホッブズによれば、人間は基本的には強欲な利己主義者であり、人間にとって最も重要なものは、自分の生命の保護＝自己保存ということである。

マンデヴィル（一六七〇〜一七三三）は、ロッテルダムで生まれ、ライデン大学で医学の学位をとったのち、ロンドンに渡ってイギリスが好きになって永住した。一七一四年に『蜂の寓話《ぐうわ》、すなわち私人の悪徳・公共の利得』を刊行した。この著書は、めいめいが悪行にふけりながら全体を富裕で強力な蜂の巣になぞらえて、各人のぜいたく、貪欲、嫉妬などの悪徳がかえって社会の繁栄につながる逆説《パラドックス》を説いたものである。

「私人の悪徳・公共の利得」という副題は、この著書の悪名を高めたものであるが、それは人間本性に内在する悪徳を、旧《ふる》いキリスト教倫理のように、単に悪徳として感情的に否定しないで、ある種の私的悪徳が社会の原動力となることを認め、それを評価したものである。

マンデヴィルは、ホッブズから利己的人間観を継承して、すべての人間の行為は利己的動機にもとづいているとし、伝統的道徳の虚偽と偽善の暴露に全力を傾けた。そして公共の利益に反する利己心を抑制する力を法に求め、この法にもとづく老練な政治家の巧妙な管理により、私的悪徳は公共の利益に一致されることができると考えた。

ホッブズ、マンデヴィル説の主要な特徴として、第一には、利己的人間観があげられる。第二には、利己心を抑える強大な力を個人の外部に求めていることがあげられる。

シャフツベリからハチスンへ　シャフツベリ（一六七一～一七一三）は、イギリスの名門の家に生まれ、同家の侍医でありかつ秘書であったロックの助言と指導のもとに英才教育をうけた。のち短期間ではあるが国会議員になり、ウィッグ党員として政界で個人の権利と自由の擁護のために活躍した。

シャフツベリは、何よりもすぐれた文化人であり、啓蒙主義時代の典型的なモラリストであった。かれの著書『人間、慣習、世論、時代の諸特徴』は、一七一一年に刊行されたが、神学者や哲学者やモラリストだけでなく、詩人や小説家によっても読まれた。かれの著書はフランス語とドイツ語に翻訳され、ヴォルテール、ディドロ、モンテスキューらに読まれ賞賛された。こうして、シャフツベリは、一八世紀前半のヨーロッパで途方もない人気を博し、フランスやドイツの近代思想に重大な影響をおよぼした。またヒュームやアダム＝スミスの思想形成にも少なからぬ影響を与えた。

シャフツベリは、ホッブズの利己的人間観とピューリタニズムの人間不信に反対して、人間本性が道徳的に善であるとし、友情や同胞愛といった利他的感情こそ人間のもつ自然感情であると考えた。シャフツベリによれば、人間の感情はつぎの三つに区分される。第一の感情は、公益に向かう社会的感情である。これは愛、親切、友情、憐憫《れんびん》などで、他者に利益を与え、これを助けようとする利他的感情である。

第二の感情は、私益のみに向かう感情である。これは自分の欲求と利益のみを追求する利己的感情であって、他人や公共的福祉をそこなう場合は有害であるが、節度ある場合は無害である。第三の感情は、公益と私益のどちらにも向かわず、その反対となるもので「反自然感情」とよばれる。これには残忍、理由なき憎悪や嫉妬、人間嫌い、裏切りや忘恩などが含まれる。ここで利他的感情のみが自然感情とよばれ、利己的感情は自然感情から除外されている。

シャフツベリは、道徳感覚《モラルセンス》という是非善悪を判定する感情があると考えた。道徳感覚は「内なる眼」ともよばれ、対象が現れるや否やその美醜善悪を見抜く力である。この感覚は自然によって万人に等しく与えられた生得の能力である。

フランシス＝ハチスン（一六九四～一七五二）は、北アイルランドの長老派の牧師の次男として生まれた。一七一一年グラスゴー大学に進学し、六年間ここで学んだ。一七一九年ダブリンで長老派の学校の開設にたずさわり、開設後授業を担当した。一七二九年、グラスゴー大学の道徳哲学の教授に選任された。

ハチスンは、一七二五年に刊行した『美と徳の観念の起源』において、シャフツベリの思想に依拠しながら、ピューリタニズムの極端な一面性に反対して、人間と世界との調和の回復を試みるとともに、利己的人間観に反対して、利他心に由来する人間の徳の尊厳の確立を説いた。

ハチスンは、行為の善悪を判断する能力を、シャフツベリにならって、道徳感覚《モラルセンス》および仁愛の概念とともにかれの道徳哲学の核心においた。それは、道徳的善悪の感覚とも、徳の感覚ともよばれるが、シャフツベリの道徳感覚が一種の直観能力とみられるのとはちがって、いわゆる五官（目・耳・鼻・舌・皮膚）のような感覚能力と考えられている。

ハチスンによれば、人間は、利己愛だけでなく、さまざまな程度で他人に対する仁愛の感情をもっており、この感情は、自分の幸福を少しも考慮せずに、他人の幸福を究極的目的として欲する。このことは、たとえば親子の情愛、恩人への感謝、他人の不幸への憐憫などがわれわれにとってきわめて自然の感情であることから知られる。また仁愛は、人類的感情であって、家族、近隣などの

ハチスン

範囲をこえて遠く離れた時代や国のうえにまでおよぶのである。

ハチスンの道徳哲学は、シャフツベリのそれに比べて、形而上学的色彩がうすれ、より経験主義的、より体系的になっていると評価することができる。

最後に、シャフツベリ、ハチスン説の主要な特徴として、第一には行為の直接の動機をなす感情として、仁愛の働きがあげられる。仁愛が他人の幸福を願望し、自己を他人と友好的に結合する利他的感情として強調されている。第二には道徳感覚《モラルセンス》の思想があげられる。これはシャフツベリ、ハチスン説の最も注目すべき概念である。

利己心とかぎられた寛大さ

ヒュームが当時の道徳哲学の二つの潮流に対して、どのような見解をもっていたかを明らかにするためには、まず最初にヒュームが人間本性をどのようなものとして把握していたのかを考察することが必要である。ヒュームは、人間本性の中心が利己心にあることを、つぎのように述べている。

「人間は、生まれつき利己的であるか、あるいは単にかぎられた寛大さ（generosity）を付与されているにすぎない。したがって、見知らぬ人びととの利益のために何らかの行動をおこさなければ代償となる利益をうる見込みがない場合を除いては、容易にそのような行動をおこす気持ちにならないのである。」

「もしわれわれが自分の情緒や傾向性の自然の経過にしたがうべきであるとすれば、私欲を離れた観点から他人の利益をはかる行動をするのは、きわめてわずかであろう。」

ヒュームによれば、利己心は人間本性の固有の原理や情緒の結果であって、決して変更されることがないものである。ヒュームが人間本性の中心を利己心ととらえたことは、ホッブズ、マンデヴィル説をそのまま継承したということを意味するのだろうか。ヒュームが人間本性を人間の現実ととらえ、その中心を利己心と把握し、これを基点として彼の市民社会を構成したことには、ホッブズの影響が顕著に見いだされる。

しかし、ヒュームはホッブズ、マンデヴィル説をそのまま継承したのではない。この説に対しては、いたずらに利己心を強調しすぎる点を、つぎのように批判している。

「一般的にいって、この性質（利己心）は、これまであまりにも極端に説明されすぎてきた。ある哲学者たちが人間のこの点について好んで行う記述は、おとぎ話や伝奇小説に現れる怪物の説明と同じように、本来の姿から離れているように思われる。人間が自分以外のものに対する情愛をまったくもたないとは考えられない。」

ヒュームは、人間本性の中心が利己心にあることを認めつつも、人間にはこの利己心を内面から抑制する「共感の原理」があるとし、これをつぎのように説明する。

「およそ人間本性の性質のうちで、それ自体においても、またその結果においても、最も顕著なものは、他人に共感せざるをえない性向、すなわち他人の傾向性や感情がわれわれのそれとどんなに異なっていたり反対であっても、それら他人の傾向性や感情をコミュニケーションによってうけとらざるをえない性向、これにまさるものはない。」

ヒュームによれば、人間は利己的でありながら、共感の機能によって、その個人性をのりこえて社会的存在となる存在なのである。

またヒュームの利己心の把握の特色として、人間の利己心を抽象的レベルで考えていたのではなく、私的所有の問題と密接にかかわるものとして考えていたことである。それゆえ、利己心がその本来の機能を発揮するのは、財貨の獲得をめぐる対立抗争においてである。

「人類愛それ自体という情念は存在しない」

ヒュームは、一方では利己心を基点としてかれの市民社会論を展開した点ではホッブズをモデルとしたが、他方ではシャフツベリ、ハチスン説の道徳感覚《モラルセンス》説を批判的に継承してかれの思想を形成したのである。

後代のヒューム研究者は、ハチスンがヒュームに与えた影響について、つぎのようなさまざまな見解を述べている。「ヒュームに『人性論』執筆の動機を与えたのは、ハチスンの『道徳感覚例解』であった」とか、「ヒュームの道徳哲学のうちにはハチスンにさかのぼりえないものは少ししかない」とか、「ヒュームに哲学への最初の刺激を提供したのは、ハチスンの理論と倫理的合理主義に対する攻撃であった」といった見解である（この部分については、田中正司著『アダム・スミス「法学講義」研究序説』《横浜市立大学》を参照した）。

ハチスンは、かれの処女作『美と徳の観念の起源』において、マンデヴィルのシャフツベリ批判に対する反批判を展開して道徳感覚説の構築を試みている。ハチスンによれば、道徳的善悪の区別は、道徳感覚によってなされ、道徳感覚は快苦の感情を伴うものであり、美的感覚と同じように、人間にとって自然な内的感覚なのである。

ヒュームは、シャフツベリ、ハチスン説における利他心の強調に対して、仁愛の動機を排除し、人間本性の「利己心とかぎられた寛大さ」を前提にしたうえで、個人相互間の媒介原理として共感の原理を提示することによって、シャフツベリ、ハチスン説の限界をのりこえようとするのである。人類愛や仁愛を強調することに反対して、つぎのように述べている。

「一般に、個人的資質や職務やわれわれ自身との関係から独立の、人類愛それ自体というような情緒は、人間の心のなかには存在しない。」

ヒュームによれば、人間の幸不幸というものは、それがわれわれの身近に起こり、しかも生気に富んでいるならば、われわれの心を動かさずにはいない。しかし、このことは共感から生ずるのであって、普遍的仁愛が存在することの証拠ではない。またわれわれがイタリアにいれば、イタリア在住のイギリス人は友人であり、中国にいれば、中国在住のヨーロッパ人は友人である。おそらく、月世界でひとりの人間に出会ったとしたら、われわれはその人に愛情を感じるであろう。だが、これらのことは、われわれ自身との関係からのみでてくるのであり、これらの場合は少人数にかぎられることによって力を増すのである。

ヒュームは、人間本性の中心である利己心を、シャフツベリ、ハチスン説のように、仁愛という利他心を強調することによってのりこえようとしても、問題の解決になりえないことを見抜いていた。そこで利己的個人がそのままでいかにして社会を形成し、その社会において自分の私的利益を保持するかという観点から社会認識を深め、それにもとづいて正義論を展開するのである。

自然的な動機と義務感　ヒュームによれば、あらゆる種類の徳の感覚が自然的であるとはかぎらない。いくつかの徳は、人類が置かれている諸事情や必要から生じる人為あるいは考案によって快や是認を生むのである。そして正義がこの種の徳なのである。

このように、ヒュームの正義論の第一の特色は、正義の徳を自然的徳ではなく、人為的徳（artificial virtue）と規定していることである。ヒュームは、つぎに有徳な行為は、その価値を有徳な動機からのみ得るのであり、その行為自体に対する考慮（義務感）にもとづくものであってはならないことを明らかにする。

われわれは、ある行為を賞賛するとき、その行為を生みだした動機だけを考慮し、行為を心や気質のうちのある原理の印ないし表示と考える。道徳的な性質を見いだすには心の内を見なければならない。したがって、われわれの賞賛や是認の究極の対象となるのは、行為を生みだした動機である。

だからあらゆる有徳な行為は、その価値を有徳な動機からのみうるのであり、有徳な動機の印として考えられるのである。ヒュームは、この原則から、つぎのように断定する。

「ある行為に価値を与える最初の有徳な動機は、その行為の徳の考慮では断じてありえず、ある別の自然的な動機ないし原理でなければならない。」

ところで、ここで行為の徳の単なる考慮が、その行為を生み有徳とした最初の動機であると想定されるかもしれない。だが、それは循環論である。というのは、行為の徳を考慮するまえに、行為が実際に有徳でなければならず、そしてこの行為の徳が有徳な動機に由来しなければならないからである。

したがって、有徳な動機は、行為の徳の考慮と異なったものでなければならない。たとえば、父親が子どもを放置している場合に、われわれはその父親を非難する。その理由は、親の義務である自然的情愛の欠如を示すからである。もし自然的情愛が義務でなかったとすれば、子どもを養うことも義務ではないだろう。この場合、すべての人は、義務感とは別個な行為の動機を想定しているのである。ヒュームは、疑うことのできない基本原則として、つぎのように結論するのである。

「いかなる行為にせよ。その行為を生みだすある動機が、行為の道徳性についての感覚とは別個に人間本性のうちにあるのでなければ、有徳、すなわち道徳的に善であることはできないのである。」

このようにして、ヒュームは、自然的な動機が人間本性に存在することを明らかにしたうえで、つぎに正義の徳を考察して、正義の単独の行為には自然的な動機が存在しないことを指摘する。これまで述べたことを正義の場合に当てはめてみよう。

「正義は人為的徳」

まず最初に、私的利害や評判に対する関心が、あらゆる正直な行為の正当な動機であると主張されるかもしれない。もしそうであるならば、その関心がなくなれば、正直はもはやありえないことになろう。そうではなくて、自己愛が気ままに振舞うときには、正直な行為がなされるどころか、それはあらゆる不正と不正直の源になっているのである。

つぎに、正直な行為の動機は、公共の利益への考慮であって、不正や不正直の実例ほどこれに反するものはないと主張されるかもしれない。ヒュームは、この意見に対しても、つぎのように反論する。公共の利益は、正義の諸規則の遵守《じゅんしゅ》に自然にくっついているものではなく、正義の諸規則が確立されたあとでこれに結びつけられただけである。

また人びとが日常生活において債権者に支払いの約束を履行し、窃盗《せっとう》や強盗やあらゆる不正義を思いとどまるとき、それほど深く公共の利益を考慮しているわけではない。公共の利益は、人びとを感動させるには、あまりにも遠くへだたった崇高な動機なのである。したがって、公共の利益の考慮が正義の根源的動機であると考えることはできない。ヒュームは、このようにして、正義の単独な行為には自然的な動機が存在しないことを明らかにするが、正義の規則については、すべての人びとが正義を恒常的に遂行する場合には、事情が異なることを、つぎのように述べる。

「正義の単独な行為は、公共の利益もしくは私的利害に反対であるかもしれないが、正義の方式ないし方策の全体は、社会の維持と各個人の幸福に非常に資するばかりか、絶対に必要である。」

これまで述べたことから、われわれが公平の法を遵守する動機としては、公平そのものと公平の遵守が価値あること以外には、真実の、普遍的な動機はないということになる。そこでヒュームは、正義や不正義の感覚は教育と人間の黙約《もくやく》から生ずるとして、つぎのように述べる。

「正義や不正義は、自然から来るものでなく、人為的に、教育と人間の黙約（あるいは便宜的とりきめ convention）から必然的に生ずる。」（「便宜的とりきめ」という訳語は、次の論文から引用した。水田洋「イギリス道徳哲学の系譜」（『「国富論」の成立』）、岩波書店）

社会の起源

ヒュームは、正義が人為的徳であることを示したのち、正義の諸規則が人為によってどのようにして確立されてきたかという問題を考察する。

ヒュームによれば、人間本性の中心が利己心であることは変更不可能であるが、この利己心の発動を抑制して公共の利益の実現を可能にし、そのことによって、諸個人の利己心の充足をもたらす制度、すなわち社会をつくることは可能である。この利己心の方向転換を示すのが黙約という概念の導入である。

「黙約は、単に共通利益の一般的感覚である。社会の全成員はこの感覚を互いに表示し合い、この感覚に誘われて、各人の行為をいくつかの規則によって規制するのである。」

このように、黙約とは、利己心を抑制する目的で社会の構成員が結ぶ「便宜的とりきめ」なのである。黙約は、諸個人による利己心の自己規制の結果として成立するが、この自己規制の最終目的は、公共の利益の実現ではなくて、個人の私的利益の確保である。

ヒュームにとって、人間本性が善か悪かという問題は、社会の起源とは別の問題であった。社会は人間がその有利さを自覚するから形成され存続するのである。ヒュームは、社会の起源を、つぎのように説明する。

この地球上に生息しているあらゆる動物のなかで、人間ほど一見したところ自然から残忍な取り扱いをうけているように思えるものはない。というのは、人間はかぞえきれないほどの要求や必要をもたされていながら、それらをみたすために与えられている手段がはなはだ貧弱だからである。ほかの動物では、要求とそれをみたす手段とが相殺《そうさい》し合っている。たとえば、ライオンは、貪欲な肉食動物であるけれども、それはきわめて当然のことである。ライオンの体格と気性、その敏捷さや勇気などに眼を向けると、その利点と要求とが釣り合っているからである。

また羊や牛は、ライオンのもっているような利点をすべて奪われているが、その食欲が適度であり、その食物を容易に入手できる。ところが、人間だけは、その虚弱さと必要とが不自然に連接している。

人間がこのような欠陥を補って、ほかの動物と同じように、あるいはそれ以上にまさることができるのは、社会のおかげである。人間のすべての虚弱さは社会によって補償される。

諸個人が孤立して自分自身のために労働するとき、人間の力はあまりにも小さすぎてたいした仕事を遂行することができない。個人の労働が自分のさまざまな必要のすべてをみたすために用いられるので、個々の技術が完全になることがない。そして用いられる力とその成果とは常に等しいとはかぎらない。したがって、何か一つの失敗も、不可避的に破滅と不幸を伴うのである。社会はこれらの欠陥を、各人の力の結合による生産力の増大、分業による技術の向上、相互援助による安全確保によって補うのである。

社会の形成を阻害する要因　ところで、社会を形成するためには、実際に社会が有利であるだけでなく、人びとがその有利に気づいていなければならない。人間が野蛮な状態にあるときには、この知識に達することは不可能である。

人間社会の最初の根源的な原理とみなすことができるのは、両性間の自然的情愛である。この情愛によって、両性が結合し、子どもが生まれて家族が成立する。両親はすぐれた体力と知恵によって支配するが、子どもに対する情愛によって権威の行使を抑制される。しばらくたつうちに、習慣や習性が子どもたちの柔軟な心に作用して、社会からえられる利益を気づかせるのである。

このように、両性間の性欲や子に対する親の自然的情愛は、社会的結合を必要とさせるのであるが、われわれの生まれつきの気性や外的事情のうちには、社会の形成を阻害する要因がある。前者のうちで最も著しいものは利己心（selfishness）である。

利己心は、従来哲学者たちが強調してきたほどひどいものではない。人間は自分以外のものに対して情愛をまったくもたないとは考えられない。だが、各人は他人よりも自分自身を愛し、かつ他人を愛するときには、自分に近いものや関係あるものに情愛をいだくものである。ここから情念間に対立が生じ、この対立は、つぎのような特異な外的事情が加わると危険がいっそう増大するのである。

ヒュームによれば、人間が所持できる善いもの（財）には三つの異なる種類がある。すなわち、心の内的満足と身体の外的優位と、勤勉と幸運によって獲得された財産の享受とである。第一のものの享受は、心のなかの事柄で他人が奪うことができないので完全に保証されている。第二のものは、奪うことはできるが、奪った者の利益となることはできない。第三のものだけは、他人の強奪の危険にさらされ、他人の所有物に転置されることができる。ところで、財産の量はすべての人の欲望と必要をみたすほど十分ではない。したがって、財産を所持するうえでの不安定とその希少性《きしょうせい》（まれで少ないこと）とが社会形成を阻害する要因である。

このような不都合を救済する策をどこに求めたらよいのだろうか。ヒュームによれば、救済する策を人間の啓蒙されない本性に見いだそうとしても無駄である。この救済策は「自然から来なくて人為からくる」のであり、人びとが判断と知性によって、社会を形成することからもたらされるのである。

「社会の全成員が結ぶ黙約によって、財産の所持に安定性を与え、各人が幸運と勤勉とによって獲得したものを平和に享受させておくという道である。」

ヒュームは、各人の所有の安定が黙約によってもたらされることを明らかにしたのち、正義の観念と所有の観念との関係などを考察する。

正義と所有の起源

ヒュームによれば、黙約は、約束（promise）とはその本性を異にする。約束そのものが人間の黙約によって成立するのである。黙約とは、共通利益の一般感覚である。たとえば、もし他人が、私が他人に対して行うと同じように、私に対して行うとすれば、私にとって、他人の財産を他人に所持させておくことが私の利益となるだろう。また他人も自己の行為を規制することに似かよった利益を感ずるだろう。そして共通利益の感覚が互いに表示されるとそこに黙約が生まれるのである。

それでは黙約はいかなる過程をへて生ずるのだろうか。ヒュームによれば、ボートをこぐ二人の者は、櫓《ろ》を動かすとき決して約束をとり交わさないが、黙約ないし合意によって櫓を動かす。これと同じように所持の安定に関する規則も、人間の黙約に由来するのである。

黙約は、漸次《ぜんじ》に起こり、規則違反の不都合をくりかえし経験することによって獲得されるものである。それは、言語や交換の共通尺度である金・銀の確立と同じように、徐々に確立される。ヒュームは、別の箇所では、「未開で孤独な状態にある人びと」を想定し、かれらがその状態の不幸に気づき、社会形成からえられる利益を予見して、所持の安定のために黙約が結ばれると述べている。ただし、ここでも「このような反省は、実際には知らず知らずのうちに漸次に起こる」ことを明記している。

このようにして、他人の所持に対して節欲する黙約が結ばれ、各人が自己の所持の安定を獲得してしまうと、ただちに正義と不正義の観念が起こり、また所有、権利、責務の観念が起こるのである。所有とは、正義によって恒常的所持が確立されている財産のことである。それゆえ、正義の起源の究明に先立って、所有、権利、責務などという言葉を使用する者は、重大な誤りをおかしているのである。正義の起源が人為と考案にあることを理解することなしに、所有に関する何らかの観念をもつことはできないのである。

所有の区別と所持の安定についての黙約は、社会の確立にとって最も必要な事情であって、この規則を確定し遵守する合意がえられたのちには、社会の平和のためになすべきことは、ほとんど残っていないのである。この規則の確立によって、人間の利己心は抑制される。ヒュームは、正義の起源について、つぎのように要約する。

「正義は、人間の黙約から生じる。この黙約は、人間の心の一定の性質と外的事物の状況との協力から生ずるいくつかの不都合を救済する策として意図されたものである。この心の性質とは、利己心とかぎられた寛大さである。また外的事物の状況とは、それらの事物が所有者を容易に変えることであり、人びとの要求や欲望と比較するとき、事物が不足していることである。」

正義の徳の起源

ヒュームは、正義の規則の起源を解明したあとで、正義の徳の起源の問題、すなわちわれわれはなぜ正義に徳の観念を結びつけ、不正義に悪徳の観念を結びつけるのかという問題を考察する。

人間は、各人の利己心とかぎられた寛大さとが気ままに働くとき、社会を維持できないことを知ると、自己を正義の諸規則の抑制のもとにおいて、他人との交際をより安全で便利なものにするようになる。正義の規則を遵守するように人びとを最初に誘うものは、ただ利益への考慮であるが、社会が拡大するにつれて、この利益を見失って目先の利益を求めて正義に服さなくなる。

だが、それにもかかわらず、われわれは不正からうける損害を見逃すことは決してない。不正が非常に遠くで行われ、われわれの利害に影響しないときでも、それはわれわれを不快にする。というのは、不正は、これをおかす人に接するすべての者に有害で、われわれは、不正をおかす人に接するときの不快を「共感」によって知るからである。

この共感（sympathy）こそが正義と不正義とに道徳的善悪の感覚をもたらすのである。そこで一般に、人間の諸行為において不快を与えるものが、「悪徳」とよばれ、快楽を生むものが「徳」とよばれるのである。この共感の原理こそ正義に徳の観念を結びつけ、不正義に悪徳の観念を結びつけるのである。ヒュームによれば、「利己心は正義を確立する根源的動機であるが、公共の利益に対する共感が正義の徳に伴う道徳的是認の源泉なのである。」

このように、正義の規則（法的概念としての正義）が黙約によって確立されたのち、それを前提に共感によって、正義を遵守しなければならないという道徳感覚が自然に生じるのである。ヒュームは、このことをつぎのように要約する。

「正義と不正義の道徳的区別は、二つの異なる基礎をもつと考えるべきである。すなわち、人びとが一定の規則によって自らを抑制しなければ社会のなかで生活することができないと観察するときの利益という基礎と、人びとがこの利益をひとたび観察して、社会の平和に役立つ行為を見て快楽をえ、またそれに反する行為から不快をえるときの道徳性という基礎である。第一の利益を生みだすのは人びとの自発的黙約ないし人為である。それゆえ、このような正義の法は、そのかぎりにおいて人為的とみなされるべきである。この利益がひとたび確立され承認されたのちは、それらの規則を遵守することの道徳感覚が自然に、しかもひとりでにそれに続いて起こるのである。」

自然的徳と共感

ヒュームは、正義の徳が教育と人間の黙約から生ずる「人為的徳」であることを明らかにしたあとで、人為にもとづかない自然的徳を考察する。そしてこの主題のもとで、道徳的評価の諸条件を問題にして、自然的責務と異なる道徳的責務の根拠を究明するのである。

ヒュームによれば、人間本性の性質のうちで、最も顕著なものは利己心と他人に共感せざるをえない性向である。人間は利己的でありながら共感の働きによって社会へつらなる存在なのである。

共感は、人間本性のうちにある「きわめて強力な原理」であって、個人性をのりこえる契機を各人に与えるだけでなく、道徳的区別の主要な源泉なのである。したがって、徳と悪徳の問題を解明するためには、共感の本性と力を考察することが必要である。

ヒュームは、共感の重要性を強調するが、その定義を示さないで、二つの比喩《ひゆ》を使って述べている。第一の比喩は、人間の心は互いに鏡であり、共感によって他人の情念や心情という光線を反射し合い、しだいに気づかれない程度に弱まってゆくというものである。第二の比喩は、二つの弦が等しい強さで張られると、一つの弦の振動が共鳴によって残りの弦に伝達されるというものである。

ヒュームは、共感の成立過程をつぎのように説明している。

「私がある人の声や身ぶりのうちに情念の結果を読みとると、私の心はすぐにこうした結果からその原因へと移って、情念についての生き生きした観念を形成する。この観念はただちに情念そのものに変わる。また、同じように、私がある感動の原因を知覚すると、私の心は結果へと運び移され、似かよった感動でゆり動かされる。……他人のいかなる情念も直接には私の心に現れない。ただその原因もしくは結果に気づくだけである。われわれは、これらの原因もしくは結果から情念を推論し、その結果として、これらがわれわれの共感をよび起こすのである。」

この共感の原理は、美の感情だけでなく、多くの場合、道徳的感情を生みだすのである。たとえば、正義の徳がそうである。正義は、人類の善への傾向をもつから道徳的な徳なのである。正義はこの目的のために人為的に案出されたものにほかならない。そして社会の善は自分自身の利益あるいは友人の利益とかかわりがないときには共感によってのみ快さを与えるのだから、共感こそすべての人為的な徳に対して払われる尊敬の源なのである。

ところで、自然的徳についても、その多くが社会の善への傾向をもつことは、誰も疑うことはできない。温順、慈《いつく》しみ、思いやり、寛大、節制、公正などは、それらが社会の善への傾向をもつことから「社会的な徳」とよばれている。このように自然的徳は、ほとんどすべて社会の利益と関係があり、この点では、人為的徳である正義と同じである。

自然的徳と正義の相違は、つぎのことに見いだされる。自然的徳から生ずる善は、一つ一つの単独な行為から起こり、何らかの自然の情念の対象である。他方、正義の一つ一つの行為は、それじたいとして考えると、しばしば公共の善に反することがあるが、行為の全体的組織として働くときはじめて、公共の善に貢献するようになる、ということである。

有徳の情念の四つの分類

共感は、道徳的評価において、決定的影響を与えるものであるが、心理的原理である以上変わりやすいという欠陥をもつように思われる。たとえば、縁遠い者よりも身近な者を優先させるのではないかという疑問である。この疑問に対して、ヒュームは、「ある一般的で不変の基準」を強調する。われわれは、どのような状況にあろうとも、この一般的観点に自己を置くことによって客観的に、公平に判断することができるのである。

例をあげれば、どんなに美しい顔も二〇歩離れて見るとき、間近で見るほど美しくない。だから

ヒュームの蔵書票

といって、われわれは、その顔が本当に美しくないとは言わない。また身近にいる勤勉で忠実な召使のほうが、ブルータスよりも、われわれの心に愛と親切の感情をよび起こすだろう。だが、われわれは、前者の性格が後者のそれよりも賞賛に値するとは言わない。

道徳感情は、この一般的観点によって公平な評価をくだすことができるようになるが、これ以外にも普遍的な原理がある。それが徳の情念の四つの源泉である。ヒュームは、道徳感情の源泉が二つに分かれることを、つぎのように述べる。

「いつの時代にも、哲学者たちによって、道徳に関して多くの体系が提示されてきた。だが、これらの体系を厳密に検討すると、二つの体系にまとめることができよう。……道徳的な善悪が理性によって区別されなくて、感情によって区別されることは、絶対確実であるが、このような感情は、性格や情念の単なる種別ないし現れ方（species or appearance）から生ずるか、それとも、人類および特定の人の幸福への性格や情念の傾向を省察することから生ずるか、そのいずれかであろう。私の考えでは、これらの二つの原因がわれわれの道徳的判断に入り混じっていると思う。……もっとも、私はまた、行為の傾向についての省察のほうが、はるかに大きな影響力をおよぼし、われわれの義務の大綱を規定すると考えている。」

ここでは、道徳的感情の源泉として「幸福への傾向」と「単なる種別ないし現れ方」とがあげられているが、さらに、この二つは、それぞれ他人に関係する性質と本人自身に関係する性質とに分けられ、つぎのような四つに分類される。

第一の源泉は、「他人にとって有用な性質」であり、仁愛や正義などの徳があげられる。第二の源泉は、「本人にとって有用な性質」であり、思慮、節制、器用さなどの徳があげられる。第三の源泉は、「他人に直接に快い性質」であって、機知、丁重さ、謙譲などである。第四の源泉は、「本人に直接に快い性質」であって、愛、快活などがあげられる。

ヒュームは、ここでも快さよりも有用性への傾向をはるかに重視するとともに、シャフツベリ、ハチスン説が強調した利他的性質とホッブズ、マンデヴィル説が主張した利己的性質とを、「他人にとって有用な性質」と「本人にとって有用な性質」とに還元して考えている。この四つの源泉については、『道徳原理研究』において、くわしく説明されている。そこでは功利のもつ意義がいっそう強調され、つぎのように賛美されている。

「功利（utility）の事情があらゆる主題において賛美と賞賛の源泉であること、それが行為の功罪についての道徳的決定をくだすあらゆる場合につねに根拠とされること、それが正義、忠実、名誉、忠誠、思いやりに贈られる高い尊敬の唯一の源泉であること、……一言でいえば、それは、道徳のうちで、人類および同胞に関係をもつ主要部分の基礎であること、これらのことは間違いのない事実であるように思われる。」

ヒュームは、このように、有徳の四つの源泉を指摘し、功利の事情がすべての賞賛と非難の源泉であると主張した。後代のヒューム研究者のなかには、このような見解をふまえて、ヒュームを功利主義の創始者であると主張するものがいる。たとえば、レスリー＝スティーヴンは、「功利主義の核心的学説は、ヒュームによって、当時の他のいかなる著述家にもみられない明晰さと一貫性をもって述べられている」(『一八世紀イギリス思想史』)と評価している。またベンサムは、『統治論断章』のなかで、「『人性論』の第三篇を読んだとき、目から鱗《うろこ》が落ちたように感じた」と述懐している。これらの指摘から明らかなように、ヒュームの思想には功利主義の傾向が濃厚に見いだされることは事実である。

しかしながら、ヒュームの思想には功利主義という名称でよぶことのできない核心的学説が見いだされることも否定できない。ヒュームは、功利主義者が最大多数の最大幸福を賞賛しそれに貢献する行為を義務とみなすのに対して、快楽と善とを同一視しておらず、目的への手段としての行為に価値を認めていない。そのことは、ヒュームが「ある行為を賞賛するとき、われわれはそれらの行為を生みだした動機だけを考慮し、行為を心や気質のうちにある原理の印《しるし》、表示として考える」(第三篇、第二部、第一節)と述べていることからも知られる。

ヒュームの倫理思想の特色の一つは、道徳的評価において、ある道徳感情や共感の契機を不可欠の要因とみなし、行為の動機、徳、行為者の性格を重視していることである。したがって、ヒュームの立場は、行為の評価において外面性を重視する立場とは対照的であるということができる。またた「他人にとっての有用な性質」、すなわち、社会にとっての有用性は、ヒュームにとって、有徳の四つの源泉の一つでしかないことも留意されなければならない。

宗教思想

評価の分かれるヒュームの宗教思想

ヒュームの宗教思想は、生涯の箇所で述べたように、かれの生涯を通じて、聖職者や神学者のはげしい非難の対象となり、二度も大学教授への道を閉ざし、死の床においても、その著書の出版が心がかりとなったものである。

ヒュームが一八歳のとき発見した哲学上の重大な原理である因果律批判は、宗教の問題をきっかけにして形成されたものと解釈されている。そしてこの因果律批判が『人性論』における中心問題の一つとなったことを考慮するならば、ヒュームにおいては、宗教の批判があらゆる批判の前提になっていたと言うことができる。

ヒュームは、あらゆる問題のなかで、当時最も深遠な宗教の問題に対して、いささかも恐れひるむことなく考察し、その結果を偏見をもつことなく発表しようとしたのである。レスリー＝スティーヴンは、この点について、つぎのように述べている。

「ヒュームの論理の流れは、あたかもかれが人間の情熱とはまったく無関係な形而上学的パズルを解いてでもいるか、何か疑わしい伝説の真偽を歴史的に検討しているかと思われるほどまで冷静透徹そのものである。このような不思議な冷静さこそは、この人物とその時代を特徴づけるものであった。つまりそれは、神学がまだ民衆のあいだに生きていたけれども、思想家から見放されて、大学のなかへと移されつつあった時代の卓越した論理家にしてはじめて可能な態度であった。われわれは、かれの著作において、一八世紀の最も鋭利な懐疑主義の究極的表現、中心的争点に対する一つの哲学的判断のきわめて理路整然たるイギリス的表明に接するのである。」（中野好之訳『一八世紀イギリス思想史　中』筑摩叢書）

このように、一八世紀においては、敬虔なキリスト教徒が好むと好まざるとにかかわらず、知識人のあいだでは、宗教のもつ神秘が消えはじめ、奇跡による聖なる力という信仰も科学的宇宙論によって圧倒されるようになっていた。

ヒュームは、このような時代を背景にしながら、神の存在を正当化しようとするいくつかの論証を批判的に検討するとともに、宗教の起源などを考察したのである。かれの宗教思想には、一八世紀においては異常としか思えないほど冷静な考察と鋭い分析がみられる。だが、他面では、宗教的迫害をうけることを恐れて、慎重に論旨を展開していることから、ヒュームの真意が把握しにくいという難点もある。

ヒュームの宗教思想は、今日でも研究者のあいだでその評価が分かれている。当時の聖職者たちの非難と『人性論』における立場から、ある研究者は「無神論者」と評価し、他の研究者は「不可知論者」と評価する。またある研究者は、ヒュームはキリスト教を信じていなかったが、独特な信仰、すなわち宇宙の不変の秩序への信仰、をもっていたとみなしている。このように、ヒュームの宗教思想は、さまざまに評価されている。

ヒュームは、長老派教会に属していた家に生まれたので、キリスト教徒として育てられた。しかし、青年時代にこの宗教に疑問をいだくようになり、大学時代あるいは大学卒業直後に、この宗教から離れたらしい。晩年には、ロックやサミュエル＝クラークの著書を読むようになってから宗教心を失ったと語っている。ヒュームが長老派教会から離れたことを理由に、かれの宗教思想は、幼少の時代を暗いものにしていた神学と宗教教育に対する反発の表現にすぎないとみなすことはできない。なぜなら、かれは宗教現象というものを生涯是認していたからである。

それではヒュームにとって、宗教とはどのようなものであったのか。この疑問に答えることは困難であるが、つぎのことだけは指摘することができる。宗教とはヒュームの心にほとんど感動をもたらさない外面的現象であったということである。だからこそ、ヒュームは、宗教はなぜ必要か、人は宗教を信ずべきかといったことを主題にしないで、宗教現象を是認したうえで、神学者たちによる神の存在の証明や宗教の起源などを主題として、傍観者的立場から冷静に論証を進めることができたのである。

ヒュームの宗教的著作としては、二冊の小著、すなわち『宗教の自然史』（一七五七）と『自然宗教をめぐる対話』（一七七九）があり、さらに「奇跡について」（『人間知性研究』所収）などの論文がある。『宗教の自然史』は、『自然宗教をめぐる対話』よりも早く公刊されたが、執筆の時期は遅く、宗教についてのかれの最終的見解を示すものである。

有名な「奇跡について」

「奇跡について」という論文は、かれの宗教的著作のなかで、しばしばとりあげられ、くりかえし論難されてきたものである。この論文は、もともと『人性論』の一部として執筆されたが、熱狂的な宗教家たちの憤激をひきおこすことを恐れて削除されたものである。本論文は、『人間知性研究』の第一〇項として、一七五八年に公刊された。

この論文は、出版当初は黙殺されたが、やがて熱心な神学者たちによってとりあげられ、ヒュームの論証に対してくりかえし反駁が試みられた。かれの論証が今日まで多くの反論をうけてきたという事実は、ヒュームの論証がきわめて卓越したものであり、宗教界にとって、その基盤を根底からゆるがすものを含んでいたことを意味している。

ヒュームによれば、奇跡とは、簡単にいえば「自然の法則の侵害」のことであり、厳密には「神の特別な意志あるいは何らかの目にみえない発動者の介在による自然の法則の背反」と定義される。火が木材を焼きつくしたり、火が水で消えたり、外見上健康な人間が突然死ぬことなどは、自然の法則に適合しており、奇跡とはみなされない。しかし、死人が生命をとり戻すことは奇跡である。奇跡は、それを目撃した人の証言によって伝えられる。それでは奇跡は証言や証拠にもとづいて証明されるのであろうか。

ヒュームは、完全な明証性にもとづいて樹立された奇跡はこれまで存在しなかったとし、つぎのような四つの理由をあげている。

第一には、歴史全体を通じて、十分な良識や学識をそなえている数多くの人びとによって確言されたいかなる奇跡も見いだされないことである。

第二には、通常われわれが推論において行っている原則は、経験していない対象がわれわれが経験した対象に類似していることであり、論証が対立する場合には、過去におけるより多くの観察に適合するものを選択することである。この原則にしたがえば、われわれは、非日常的で信じがたいいかなる事実も容易に否認することができる。

第三には、すべての超自然的で奇跡的な報告が主として無知で野蛮な人びとのあいだに多く認められる。そのことがそれらの報告に反対する強力な推定になりうる。

第四には、いかなる怪異的事象にとっても、無数の証人によって反対されないような証言はない。それゆえ、奇跡は、証言の信用を破壊するのみならず、証言そのものが自己崩壊している。

ヒュームによれば、一般的にいえば、いかなる種類の奇跡に対する証言も、蓋然性にまで達したことはなく、ましてや証明されたことはない。またかりに証言が証明されたとしても、それはつねに他の証明によって反駁されてきたのである。したがって、いかなる人びとの証言も奇跡を証明し、奇跡をもっていずれかの宗教組織の正しい基礎とするような力をもつことはできないのである。

最後に、ヒュームは、キリスト教も理性にではなく信仰 (faith) にもとづいているとし、つぎのように結論している。

「キリスト教は、最初奇跡を伴っていたばかりでなく、今日においてさえも奇跡なしには、いかなる理性的な人間によっても信仰されえないと結論してよいであろう。単なる理性は、奇跡の信《しん》憑《ぴょう》性について、われわれに確信をもたせるには不十分である。そして信仰により動かされて奇跡に同意するものは、すべてその人自身のなかにおいて、一種の継続的な奇跡を意識しているのである。このようなことは、その人の知性のあらゆる原理をくつがえし、そして慣習と経験に最も相反するものを信ずるという決意を、その人に与えるのである。」（福鎌忠恕・斎藤繁雄訳）

神の存在を証明できるか

『自然宗教をめぐる対話』は、ヒュームの生前に公刊されなかったが、その内容は独創性に富み、かれの宗教思想が最もよく表明されたものとして高く評価されている。この著書は、懐疑主義者のフィロが、正統派神学者のデメアと理神論者のクレアンテスとのあいだをとりもちながら、自然宗教の中心問題を論議していくという形式をとっている。ある研究者によれば、全体の議論の六七パーセントをフィロが、二一パーセントをクレアンテスが、一二パーセントをデメアが担当している。このパーセントが示すように、三人の人物の役割は、量的には異なっている。

ところで、自然宗教とは、さまざまな見解があるが、一八世紀のヨーロッパにおいて、神をこの世界の創造者として認めるが、この世界を支配する人格的存在とは考えず、啓示や奇跡を拒否して理性によって宗教を基礎づけることができるとする合理論的宗教のことである。自然宗教は啓示宗教に対するもので「理神論」ともいわれる。この著書は、対話という形式上、きわめて要約しにくい。そこでいくつかの主題をとりあげて、三名の登場人物の見解を考察し、ヒュームの宗教論を紹介することにしたい。

この著書では、第一に世界秩序の根源としての神の存在を証明できるか否かという問題が議論されている。最初に、正統的神学者のデメアによると、常識のある人にとって、神の存在は確実で自明な真理であって疑うことのできないものである。人間が神の本性や属性を知ろうとすることが、そもそも無謀なことなのである。まして神と人間とのあいだに類似を認めたり、両者を比較することは許されない。

ところが、理神論者のクレアンテスは、自然宗教の中心課題が神の論証にあるとみなす立場から、デメアに「意図からの論証」(the argument from design) を提示する。この論証によれば、世界は、無数のより小さな機械から成る一つの偉大な機械であり、小さな機械や微細な諸部分は、秩序と目的とをもってつくられており、相互に適合している。家屋や船舶や家具が人間によって設計されてつくられるように、世界は、自然の創作者である神によって設計されつくられたのである。さらにクレアンテスは、自然にみられる手段の目的への巧妙な適合が人間の意図や知性の諸成果と類似していることから、原因もまた類似していると推論する。そして自然の創作者である神が人間の精神にある程度類似していると結論する。こうして、神の存在ということは経験可能なものとの類比によって説明できると主張するのである。

フィロは、クレアンテスが神の存在を機械論的に証明しようとすることに反対する。フィロによれば、クレアンテスは、世界は機械であり神の意図から発生したと主張している。だが、類比にもとづく論証は誤りと不確かさにおちいりやすいものである。たとえば、家屋・船舶・家具・機械を宇宙にたとえて、ある状況下におけるそれらの類似性からそれらの諸原因における類似性を推論して、宇宙の製作者である神の存在を推理し、これを信じようとすることは支持できない。

またフィロは、クレアンテスが部分から全体を推論することを批判する。クレアンテスの言う類似性という言葉も曖昧《あいまい》であるが、比較の仕方が奇妙である。ふつうはある対象と他の対象とを比較するのであるが、クレアンテスは、宇宙全体とその一部分とを比較している。部分は部分に関連するのであって、ただちに全体に関連することはないし、無限で全能な神を有限な能力しかもたない人間から因果の連鎖によって推論することはできない。フィロは、この点について、つぎのように述べている。

「部分から全体へとある結論が何らかの的確さをもって及ぼされることが可能だろうか。大きな不均衡さが、あらゆる比較や推論を抹殺するのではあるまいか。一本の髪の毛の成長を観察することから、われわれは一人の人間の発生に関して何かを学ぶことができるであろうか。一枚の木の葉の風の吹かれかたは、たとえそれが完全に知られた場合でも、一本の木の生成に関してわれわれに何らかの知識を与えてくれることがあり得ようか。」（福鎌忠恕・斎藤繁雄訳）

第一〇部からは、全知全能の神が創造した世界に、なぜ悪や不幸が存在するのかという問題が論じられている。

なぜ悪や不幸が存在するのか

デメアによれば、地球全体が呪《のろ》われ汚されている。たえまのない戦争がすべての生物のあいだでくりかえされている。必要や飢餓や欠乏が強者を駆りたて、不安や恐怖が弱者や病人を動揺させる。精神の混乱は、身体の場合ほど目立たないが、陰惨と心痛の度合いは強い。誰もが悔恨・激怒・失意・絶望といったことを体験している。この人間のみじめさ、愚かさの自覚から、人間は宗教の真理を感得してきたのである。また人間は結合して社会をつくることによって動物を支配してきたことを示唆する。

フィロは、デメアと同様に、あらゆる生物が弱肉強食の世界でみじめな生活を過ごしていることを認める。だが、人間が結合して社会を形成してすべての現実的な敵に打ち勝ってきたとは考えない。むしろ自然の敵に打ち勝つはずの社会そのものが、新たな敵を生みだし、人間は圧迫、暴力、中傷、背信などでお互いに苦しめ合っている。

フィロは、人間が結合して社会を形成したが「人間は人間の最大の敵だ」という状況をもたらしただけで人間のみじめさを減ずることができなかったと考える。そしてクレアンテスに対して、このような事実にもかかわらず、神の正義、仁愛、慈悲が人間におけるこれらの美徳と同じ性質のものであると主張できるかと問いかける。

クレアンテスは、フィロの疑問に対して、楽観的な立場から神が存在することを証明できると主張する。かれによれば、神の正義や仁愛を支持する唯一の方法は、人間のみじめさと邪悪さとを絶対的に否定することである。デメアやフィロの見解は、誇張しすぎで事実と経験に反しているから認められない。社会には暴力・背信・心痛といったものが確かに存在するけれども、人びとは、ずっと多くの享楽を手に入れているのである。したがって、悪や不幸といったものは、デメアやフィロが主張するほど多くもないし、大きくもないのである。というのは、健康は病気よりも一般的であり、快楽は苦痛よりも、幸福は困窮よりも一般的だからである。

フィロは、クレアンテスのこの見解に対して、人間が全能である神から期待できるものが、苦痛をこえる快楽のわずかな超過、困窮をこえる幸福のわずかな超過であるはずがないとして、つぎのように反論している。

「なぜそもそも、悲惨などがこの世に存在するのか。偶然によってではあるまい。とすれば、何らかの原因からだ。それは神の意志からなのか。しかし、神は完全に仁愛的だ。悲惨は神の意志に反しているではないか。しかし、神は全能だ。これほど簡潔、これほど明瞭、これほど決定的なこの論考の堅固さを何ものもゆるがしえない。」（福鎌忠恕・斎藤繁雄訳）

情念に基礎をもつ宗教

第一一部でクレアンテスは、フィロに対して、あらゆる人間的類比を放棄した場合、デメアのような絶対的信仰を別とすれば、どのようにして宗教を基礎づけることができるかと問いかける。これに対して、フィロは、この世界における悪の大部分は、つぎの四つの事情から生じると主張する。

第一の事情は、人間の身体が快楽と苦痛によって行動するようにできていることである。どんなに熱心に快楽を求めても、手中にした快楽は、時間の経過とともに減少していく。このように、人間は、苦痛という悪を前提として行動するようにつくられているのである。

第二の事情は、神によるこの世の運行が一般的法則によって行われている、つまり自然の過程には偶然性がはいりうるということである。それゆえ、多くの出来事が不確実で予測することができない。この偶然性が人間の生活における悪の源である。

第三の事情は、人間は理性や賢明さの点では、他の動物よりすぐれているが、身体的利点をほとんど与えられていないことである。そこからさまざまな災害が発生するのである。

第四の事情は、自然という偉大な機構の一切の源泉と原理が不完全だということである。自然の諸部分や諸原理は、機会さえあれば極端に走りがちである。この事情は、他の諸事情と関連して悪を生ずるのである。

クレアンテスは、フィロの指摘にもかかわらず、依然として神の存在を「意図からの論証」によって正当化できるとし、宗教の本来の任務を「人びとの心情を規制し、かれらの行為を人道化し、節制、秩序および服従の精神を注入すること」であるとし、神による報酬や処罰という教えが人びとに大きな影響力をもつのであるから、宗教がどれほど堕落していても、無宗教よりはましであると主張する。

これに対して、フィロは、迷信がそれほど社会にとって有効であるならば、あらゆる歴史が迷信の有害な結果の記述でみちているのはなぜかと反論し、党派、迫害、圧制などは、迷信によって生じた不幸な結果であると考える。そして宗教の基礎を人間性の弱さのうちに見いだしている。フィロによれば、一般に、人間は悲嘆に打ちのめされ、病気で意気銷沈しているときほど容易に信心に助けを求めるのである。それゆえ、宗教は、理性に基礎をもつものではなく、人間の情念《パッション》、すなわち恐怖と希望に基礎をもつのである。

「確かに、恐怖と希望の両者が宗教には入ってくる。そのわけは、これら二つの情念は時を異にして、人間の心を激動させ、そのいずれもが、それじたいに適合した一種の神を形成するからだ。しかし、ある人が陽気な気分でいるとき、かれはどんな種類の仕事にでも、集まりにでも、あるいは遊びにでも適している。そしてかれは自然にこれらに従事し、宗教などは考えない。憂欝で落胆している場合、かれはもっぱら目に見えない世界の恐怖について考えめぐらしたり、またさらに深く悲痛な気分に落ちこんだりする。」（福鎌忠恕・斎藤繁雄訳）

ヒュームの真意は

『自然宗教をめぐる対話』は、対話形式のために、ヒューム自身の宗教論が誰によって代弁されているかという疑問を生ずる。対話篇全体の記録者であるパンフィロスは、対話の終了にあたって、つぎのような結論を述べている。

「私は正直に告白するが、全体を真剣に検討した結果、フィロの諸原理のほうが、デメアの主張よりも蓋然性をもつということ、しかしクレアンテスの諸原理がさらに真理に近接していると思わざるをえない。」

若干のヒューム研究者は、この事例などを手がかりにして、ヒュームの見解は、クレアンテスとフィロによって展開されているが、主として代弁しているのは、クレアンテスであると解釈している。

だが、クレアンテスが主としてヒュームの立場を代弁していると解釈すると、「意図からの論証」をヒュームの立場とみなさざるをえない。しかし、これはヒュームの見解と矛盾する。ヒュームは、『人間知性研究』の第一一節で「原因がその結果によってのみ知られることが可能かどうか、私は大いに疑う」と述べているからである。

ヒュームが「意図からの論証」に批判的であったとすると、ヒュームの立場を主として代弁していたのはフィロであったということになる。フィロをヒュームと同一視することは比較的に容易である。というのは、フィロの懐疑的諸原理、論証の方法、地獄の恐怖への無関心などが、ヒュームの哲学的立場に酷似しているからである。けれども、ヒュームは、かれの見解をつねにフィロに代弁させたわけではない。おそらく、フィロとクレアンテスの見解が衝突した場合、主としてフィロに自己の立場を代弁させていたのであろう。フィロをヒュームの代弁者とみなすとき、先に述べたパンフィロスの言葉は、ヒュームがパンフィロスの立場から発言したものと解釈することができる。

またフィロの懐疑主義がヒュームのそれと同一であるかという問題になると、簡単に答えることはむずかしい。その理由は、ヒュームの懐疑主義が生涯を通じて一貫して変わらなかったと主張することができないからである。

最後に、ヒュームは、神の存在を信ずる有神論者であったか、神が存在するかしないかを知ることができないとする不可知論者であったのか、それとも神の存在などすべてを否定する無神論者であったのか、という問題に言及しておきたい。

この問題も難問であって、明確な解答を与えることはできない。なぜなら、フィロは、神の存在を証明できるという立場を拒否しているが、世界そのものを動物とみなし、神をその世界の魂であるという見解を表明しているからである。またヒュームは、みずから無神論者であるとは公言していない。さらに『宗教の自然史』におけるかれの見解などを考慮すると、ヒュームを不可知論者と解釈することが適切であるように思われる。この著書には、ヒュームの真意がどこにあったかということについて、確定的な結論を困難にする諸要因が含まれている。

宗教の起源

『宗教の自然史』は、一七五七年に刊行されたが、執筆年代からいって、宗教論についてのヒュームの最終的見解を示すものである。かれは、この著書で、宗教の発展過程、多神教と一神教との対比という二つの主題を、歴史的、比較的方法によって考察している。

ヒュームによると、多神教ないし偶像崇拝が人類の最初の、そして最も古い宗教であった。歴史文献でみるかぎり、人類は古代において多神教であったし、また現代においてアメリカ、アフリカおよびアジアの未開部族も、すべて偶像崇拝者である。それでは、この多神教はどのようにして出現したのだろうか。

ヒュームは、人びとが自然の所産を静観して宇宙の組織の統一と調和のうちに神を見いだしたとしたら、それは多くの神々ではなくて、単一の創造者であったろうと考える。むしろ人びとが自然の所産をはなれて、目に見えない力の足跡を人生のさまざまな出来事のなかでたどっていくと、必然的に多神教にたどりつき、制約された不完全な神々を容認せざるをえなくなると主張する。

たとえば、嵐や暴風雨は、太陽によって養われたものを滅ぼすし、太陽は、露や雨などによって育てられたものを破壊する。病気や疫病は、豊かな一王国の人口を減少させるかもしれない。このように、この人生の出来事は、多様性と不確実性にあふれている。人びとは、幸福への切望、食料や必需品への欲望、未来の困窮への恐れ、死の恐怖などから、つまり希望と恐怖、および想像力から、神々を信じるようになるのである。

「われわれは、生と死、健康と疫病、豊富と欠乏のあいだの絶えまのない浮遊状態に身を置いている。これらは人類のあいだに秘密な未知の諸原因によって配分されており、その作用はしばしば予想外であり、つねにはかり難いからである。そこでこれらの未知の諸原因は、われわれの希望と恐怖の不断の対象となる。こうして諸情念は、出来事の兢々《きょうきょう》たる予期によって絶えざる警戒状態に保たれている反面、想像力もわれわれがこれほど完全に依存しているこれらの諸力について、観念を形成するのに同じように忙しく働かされる。」（福鎌忠恕・斎藤繁雄訳）

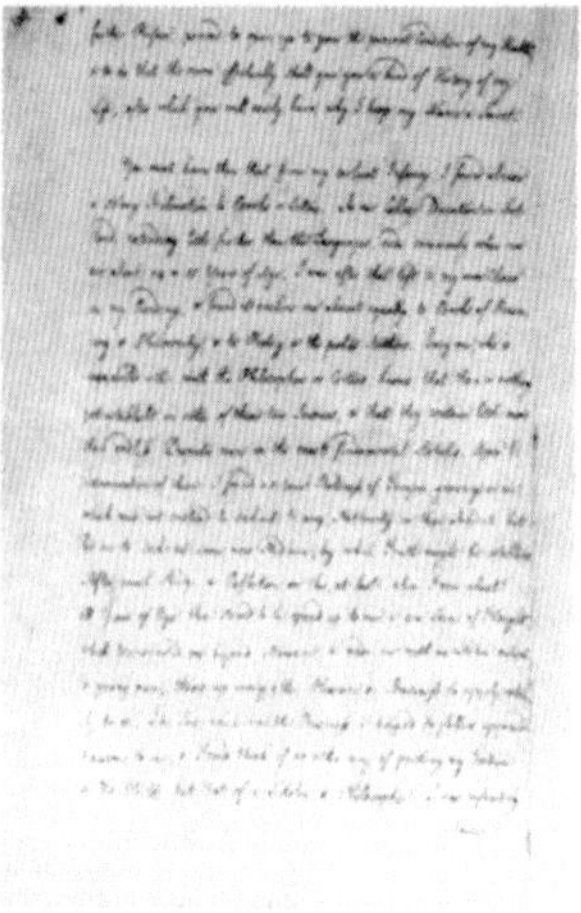

ヒュームの書簡

ヒュームによれば、人びとは、思いのままにならない人生などへの気がかりから、かれらの人生の幸・不幸に関係すると想像される神々の力を希望し恐れるのである。そして多神教徒になると、自然の顕著な産物をそれぞれ真の神と考えるのである。太陽・月・星はもちろんのこと、猿・犬・狐などの動物も、泉や樹なども神とみなされるのである。

　またヒュームは、宗教の歴史を多神から一神へ、一神から多神へという二つの相反する変遷過程をたどると主張している。多神教においては、神々は御利益神であるから、その効能は有限である。だが、社会不安が高まったときなどに、特定の神が信仰の中心になり、唯一神的な性格をもつことも生ずる。たとえば、宗教改革以前に聖母マリアが全能神のごとき性格をもった場合などである。

　ヒュームは、第九節から、多神教と一神教の対比を試みて、合理性を別とすれば、実践的には多神教がすぐれていると結論づけたうえで、この著書の最後の箇所で、つぎのような興味深い言葉を述べている。

　「至高存在の知識を獲得し、自然の目に見える作品から自然の至高の創造者というほどの崇高の原理を推測する能力をもつということは、人間理性の何という貴重な特権であろう。しかし、メダルの裏を返してみるがよい。大部分の国民と大部分の時代を調査せよ。世界に事実上、優勢であった宗教的諸原理を検討せよ。それらが病人の夢想以外の何かであるとは諸君はほとんど納得できないであろう。……

全体が謎であり、不可解事であり、解きえない神秘である。疑念、不確実、判断中止が、この主題に関してわれわれの最も精密な探査の唯一の結果であると思われる。」(福鎌忠恕・斎藤繁雄訳)

このように、ヒュームは、『宗教の自然史』では、多神教を宗教の原型としてとらえ、これを考察しながら、宗教が人間本性にとって不可欠の構成要素ではないことを示唆し、最後の箇所で、宗教現象は、「全体が謎であり、不可解事であり、解きえない神秘である」と結論している。

斎藤繁雄氏は、『宗教の自然史』におけるヒュームについて、つぎのように述べている。

「ヒュームは、あくまでも傍観者として、すなわち没価値的考察者の立場を固守し、事実そのものに物語らせ論証させている。このいわば科学的で冷たい態度は、当時の宗教観からすれば、許しがたい無神論であり、『自然主義』であった。それゆえ、少なくとも『宗教の自然史』に関するかぎり、ヒュームが聖職者たちから激しい非難をあびたことは、かれがかれなりに科学者の目をもって宗教を取り扱ったことの反証といえるであろう。それこそまた『宗教の自然史』が文化人類学の一作品であると評定されるゆえんでもあろう。」(福鎌・斎藤訳『宗教の自然史』)

政治思想

ヒュームは、早くから政治に関心をもち、この研究の重要性を認識していた。『人性論』(第一・二篇)の緒言において、この出版が首尾よくいくならば、つぎに道徳論、政治論、文芸批評の検討を進めるつもりであると述べている。この予告どおり、道徳論は、『人性論』第三篇として一七四〇年に公刊され、つづいて政治論は、一七四一年から四二年にかけて『道徳政治論集』全二巻として出版された。政治学上の著書としては、六年後の一七四八年に「原始契約について」を含む『道徳政治論三篇』が公刊された。ひきつづいて一七五二年には『政治経済論集』が公刊された。ヒュームの政治思想の全体は、これらの著作によってほぼ解明することができる。

政治学の課題

ヒュームによれば、政治学とは「社会をつくり、かつ相互に依存し合う人間を考察する」ものである。それは人間学の一部門であり、個別的な事実ではなく、一般的な事実を取り扱う科学である。ヒュームは、多様な政治現象を観察と経験にもとづいて考察し、一般的で確実な原理を確立しょうとした。

ヒュームは、論文「政治を科学に高めるために」のなかで、「ある政体(政治形態)と他の政体とのあいだに本質的なちがいがあるか」という問題を論じながら、政治には一般的真理があることを明らかにしている。

どんな政体も似たり寄ったりで、ちがいの原因は支配者の性格と行動にあるといったことが、もし承認されるならば、たいていの政治論争はおしまいになってしまい、よりよい政治組織を求めるといったことも愚行ということになってしまうだろう。ヒュームは、政体よりも支配者の性格と行動を重視する立場に反対して、特定の支配者などによって左右されない政体の本性を究明しようとする。そのために政治現象の説明に偶然的要因をもちこまないように配慮して、政治形態と法を整備することの重要性を強調する。

「立法者は、一国の将来の政体を全面的に偶然にゆだねてしまうべきではなく、最後の子孫にいたるまで公務の運営を規則づける法体系を準備すべきである。結果はつねに原因に応ずる。そこでどんな国においても、賢明な法規こそ、後代に残しうる最も賢明な遺産なのである。」

このように、ヒュームによれば、政治形態や法律がもつ作用力はきわめて大きく、しかも為政者の気質や性向にほとんど無関係である。したがって、政治学の課題は、個々の支配者や政治家の気質や人柄を問題にすることではなく、そういう支配者や政治家をまきこんでしまう政体の本性を解明することである。政治形態や法律などを問題とするかぎり諸科学の場合と同様に、一般的で確実な原理を導きだすことが可能になる。だが、政治における諸原理は、帰納法によって把握されるものであるから、その確実性は、結局のところ蓋然性にとどまらざるをえないのである。この点について、ヒュームは、論文「市民的自由について」のなかでつぎのように述べている。

「世界はまだあまりにも若すぎて、政治の領域において、最後の子孫にいたるまで真でありうるような多くの一般的真理を確定できそうにない。人類はまだ三千年の経験すら積んでいないので、推論の技術は、他のすべての科学におけると同様に、この科学においても、未完成であるだけでなく、推論の能力を働かせうる十分な資料にことかくことさえある。」

政治社会の成立

ヒュームは、政治社会の成立根拠を人間の本性や必要性に求めている。かれによれば、生まれながら家族生活を営んでいる人間は、必要と自然の性向や習慣から、どうしても社会を存続させなければならなくなる。さらに進んで人間は、正義を現実のものとするために政治社会をつくるようになる。というのは、正義が確立されていなければ、かれら相互のあいだに平和も安全も存在しないからである。

ヒュームによれば、もし各人が公共の利益をつねに見分けることができるほど賢明であり、また目先の利益や快楽の誘惑をしりぞけることができるほど強固な精神力をもっているならば、政府とか政治社会といったものは全然生ぜず、各人は、生得の自由にしたがって平和と調和のうちに暮らしたことであろう。しかしながら、実際には人間は、そのような賢明さや強固な精神力をもつことが少なく、「無節操で利に走りやすい」という欠陥をもっている。ヒュームは、論文「議会の独立について」のなかで、つぎにように述べている。

「政治機構における権力抑止の装置を用意する場合、人間はすべて無節操で利に走りやすい悪人(knave)であり、そのすべての行動において私的利益(private interest)以外の目的をもたないと推定されなければならない。われわれは、この私的利益によって人間を支配しなければならず、この私的利益を通じて人間を導き、その足るを知らない貪欲と野心とにもかかわらず、公共の利益に寄与するようにさせなければならない。」

ヒュームは、「人間はすべて無節操で利に走りやすい悪人と推定されなければならない」ということは、事実においては誤りであるが、政治においては正しい原理であると考える。つまり、一般的にいえば、人間は自分自身の利害だけを求めがちだということである。このように、人間を利己的であると把握しながら、その利己心を通じて、各人を平和な社会秩序を守るように導くことが重要であると主張するのである。

ヒュームによれば、人間の本性は、個人相互の結合なしにはやってゆけないようになっている。だが、そのような結合は、平等と正義とに関する法律が尊重されないところでは成り立たない。各人が勝手気ままに行動するならば、無秩序、混乱、万人の万人に対する戦いがもたらされるだろう。このことは、冷静に物事を考える人であれば、誰でも気がつくことである。

したがって、政治社会は、各人の私的利益を抑制し、公共の利益を守るために欠くことができないものなのである。

政治支配は、最初は偶然に不完全な形で始まった。戦争状態のときに、一人の勇気と才能のある人間が多数の人びとのうえに立ち、人びとを指揮するようになった。戦争状態が長期にわたると、人びとはこの指導者に服従するようになる。もしこの指導者が公平の徳をそなえているならば、平和のときにもあらゆる紛争の裁定者となり、強制と同意によって、かれの権威を確立してゆくのである。政治支配は、このようにして始まったのである。

政府への服従

人民はなぜ政府に服従するのだろうか。また服従の根拠は何か。ヒュームによれば、人民が政府に服従するのは、人民あるいはかれらの祖先が服従することを約束したからではなく、政府の存在することがかれらの利益になるからである。すなわち、人民が政府に対して服従の義務を果たすのは、財産の相互不侵害によって平和と秩序を享受するという社会的利益がもたらされるからである。

ヒュームは、論文「原始契約について」のなかで、政府に服従しなければならない義務を問われたら、「そうしなければ社会が存続できないからだ」と答えている。これに対して、政府に対する服従の義務を誠実ないし約束の義務の尊重によって基礎づけたり、各人の同意であると想定する考え方がある。だが、このような見解をとる人びとは、なぜ約束を守らなければならないかと問われたら、返答にまごつくことであろう。というのは、誠実も約束も同意も同一の基礎のうえに立っており、これらは「社会の一般的利益と必要」とのために人類によって守られているように思われるからである。ヒュームが「社会の一般的利益と必要」と言う場合、その内容は「人類の商業活動や交通」のことを指している。この社会の一般的利益と必要こそ政治的服従の最大の基礎なのである。

ところで、新しい政府が樹立される場合、人民は普通それに不満をもちつつも恐怖と必要から服従するのである。だから君主は、警戒心をゆるめないで謀叛《むほん》の現れを防がなければならない。時の経過とともに、さまざまな困難が取り除かれてゆくと、人民は、最初権力の簒奪者《さんだつしゃ》とみなしていた支配者を合法的な君主あるいは自国の君主とみなすように慣らされていくのである。

つぎに政府の基礎となっているものは何であろうか。ヒュームによれば、社会現象を冷静に考察できる者にとって、多数者がごく少数の者によってやすやすと支配されていることほど驚くべきことはない。この原因をたどってみると、実力はいつも被支配者のほうにあるから、支配者が支柱とたのむものは世論(opinion)以外にない。したがって、政府の基礎は世論だけということになる。この原理は、最も自由な人民政府にも、最も専制的で軍事的な政府にもあてはまる。

ヒュームは、論文「政府の第一原理について」のなかで、二種類の世論、すなわち「利益」に関するものと「権利」に関するものとを区別している。利益に関する世論とは、現在の政府が他のどんな政府にも劣らないほど有益であり、人びとの利益にかなっているというものである。このような世論が一国の大半を支配する場合、そこの政府は大変な安定性を手に入れることができる。

「権利」に関する世論とは、人びとが長期間かれらのあいだに存在してきた権威や黙約を支持する先入観のことである。この世論には二種類あって、「権力」に対する権利と「財産」に対する権利とに区別される。前者は人民が自国の政府に対して示す愛着のことであり、後者は財産権についての世論のことである。ヒュームによれば、これら三つの世論、すなわち社会的利益、権力に対する権利、財産に対する権利、に関する世論が、あらゆる政府の基礎なのである。

自利(self-interest)、恐怖、愛情といったものが服従の強力な動機として考えられるかもしれない。確かに、自利、恐怖、愛情は、これらの世論の働きを規定したり変更したりする。これらはそれだけでは何の作用力ももちえないどころか、世論の作用力を前提にするものである。だが、したがって、自利、恐怖、愛情は、政府の二次的原理であって一次的原理とみなすことはできない。

社会契約説批判

ヒュームは、論文「原始契約について」のなかで、当時のイギリス国民を二分していた二つの政党、すなわち、トーリー党とウィッグ党の理論をとりあげて批判している。この二つの政党は、その理論において、とくに原理において対立している。ヒュームにとって、市民社会の発展のためにこの二つの政党を健全な基礎のうえにおくにはどうしたらよいかということが大きな問題であった。

王政復古後、近代的な政党であるトーリー党とウィッグ党が出現したが、この二つの政党の原理は、絶対服従と個人の不可侵の原理であった。トーリー党は、政府の起源を求めて神にまでさかのぼり、それによって政府を神聖不可侵なものにし、王権神授説にもとづいて政府への絶対服従を主張していた。他方、ウィッグ党は、政府の基礎は人民の同意にあるとして、一種の原始契約が存在すると想定する。それゆえ、この契約によって、人民は君主に対して抵抗権を保留していると主張していた。

ヒュームは、当時契約説に比して影響力を失っていた王権神授説に対しては、つぎのようにごく簡単に論駁している。政府という制度は、恵み深い神によって企てられたものと考えられる。しかし、神は、この制度を奇跡的な介入によってではなく、人間の目には見えないかれの普遍的な力によってつくりだしたのである。だから君主が神の代理者とよばれる場合には、王権神授論者が想定するような特別の意味は含まれていないのである。また絶対服従の原理もその矛盾は明らかであるとして、論文「絶対服従について」のなかで、つぎのように述べている。

「ネロやフィリップ二世（在位一一八〇～一二二三）に対するあの武装蜂起の記録を読んで、その企ての成功を願わず、またそれを企てた人をほめたたえないような人がいるだろうか。わが国のえらく国王びいきの党派でさえ、そんな場合には、ほかの人びとと同じように判断し、感じ、承認しないわけにはゆかないであろう。」（小松茂夫訳）

ヒューム（1766年）

つぎに契約説に対して、ヒュームは、契約説が歴史上の事実に反するという点を強調する。契約論者は、政府が人民の同意から生じたと主張するだけでなく、完全な成熟期に達した現在でさえ、これ以外の基礎をもたないと主張している。かれらによれば、人間はすべて平等に生まれついており、君主や政府に対する忠誠の義務も、あらかじめ約束にもとづく義務と制裁とによって拘束されるのでなければ課せられることはできない。しかもこの約束は条件つきのもので、君主から正義と保護とがえられるのでなければ、忠誠の義務は消滅することになる。

このような契約論者の見解に対して、ヒュームは、世の中を広く見渡しても、かれらの考えに合致するもの、あるいはかれらの理論を保証しうるものに出くわすことはないとして論駁を始める。

政府の基礎となる契約は、原始契約であるといわれている。この原始契約は、父祖の同意によって子孫を末代にいたるまで拘束するという点は別としても、世界のいかなる時代や国においても、歴史や経験によっては正当化されないものである。というのは、政府の起源は、権力の奪取ないし征服にもとづくからである。

「現在存在している、あるいは歴史に何らかの記録をとどめている政府は、そのほとんどすべてがもともと、権力の奪取かそれとも征服か、あるいはその両方にもとづくものであり、人民の公正な同意ないし自発的な服従を口実とすることはなかった。」(田中敏弘訳)

またヒュームは、歴史や経験の教えるところでは、国家的事件において、人民の同意が最も尊重されなかった時期こそ、新しい政府が樹立されたときであろうと語っている。さらに同意によって成立されたといわれる名誉革命も、契約説に合致するものではないとし、「そのとき変革されたのは、王位継承だけであり、それも政体のうち、ただ王位に関係した部分だけであった。しかも、一千万に近い国民に対してこの変革を決定したのは、大多数といってもわずか七〇〇人にすぎなかった」と述べている。

自由と権威の関係

ヒュームは、論文「王位継承について」のなかで、名誉革命体制を肯定し、その後のイギリスの繁栄を賛美している。かれによれば、議会制が始まってからのこの六〇年間、さまざまな党争が行われてきたが、君主と議会とのあいだには調和が保たれてきた。国内の平和と秩序のなかで、人民の自由は障害にもあわず認められ、商業や農業も繁栄してきた。したがって、名誉革命体制の成立は、大多数のイギリス人にとって満足のいくものであった。

ヒュームは、名誉革命以来の政体を混合政体としてとらえ、それを君主制の要素と共和制の要素、あるいは権威と自由の混合として分析している。イギリスの場合、君主制の要素を大量に含んでいるが、その政治支配においては共和制の要素のほうが優位を占めてきた。このように、二つの要素の相互抑制がそれぞれの長所を引きだし、それによって、イギリスの平和と繁栄がもたらされたのである。

ヒュームは、論文「政治支配の起源について」のなかで、自由と権威との関係について、つぎのように述べている。

「あらゆる政治支配のなかに、権威(authority)と自由(liberty)との、あるいは公然あるいは隠然の不断の内部闘争が存在する。しかも、この抗争において、権威と自由とのいずれも絶対的の勝利を手にすることは不可能である。……自由はまさに政治社会の完成であると言われなければならない。しかし、それにもかかわらず、権威が政治社会の存続そのものにとって、不可欠である

ことが承認されなければならない。」（小松茂夫訳）

ヒュームによれば、このように政治支配においては、権威と自由とのあいだにたえざる内部闘争がある。たとえば、回教国の君主は、人民の生命と財産を思い通りにすることができるが、人民に新しい税を課すことは許されない。フランスの国王は、新しい税を課すことは思い通りにできるが、人民の生命と財産に手をつけることは危険を伴うだろう。このように、権威と自由とのあいだには、しばしば衝突が生ずる。権威は法に対して攻撃をしかけ、君主の暴力を容認させようとする。自由は極端になるといかなる拘束もうけなくなり、社会に野蛮な自然状態が生ずることになる。

ヒュームは、市民社会の維持と発展のためには、権威と自由との両方があわせて必要であると考える。権威は、自由を規制し、法の支配を遂行することによって、自由の擁護そのものにとって不可欠なものである。他方、自由の獲得は、市民社会の進歩であるが、自由の拡大が無条件に賞賛されているわけではない。ここで自由とは、法の支配の確立によってもたらされる市民的自由であり、政府が正義の法を遂行することによって実現されるものである。

ところが、イングランドでは名誉革命以後も、権威と自由をめぐって、トーリーとウィッグという二大政党の対立が激化しており、名誉革命体制の重大な不安定要因の一つとみなされていた。ヒュームは、この党派的対立を憂慮して、「党派論」、「グレート・ブリテンの党派について」などにおいて党派の問題を考察している。

ヒュームの党派論の特徴は、トーリー党にもウィッグ党にもくみしないで、公平な態度で党派を動かす要因が何であったかを分析していることである。

党派について

イングランドにおいては、ピューリタン革命の時期にさまざまな党派が登場し、一六七〇年ごろトーリー党とウィッグ党という二大政党が誕生した。前者は、土地所有者と国教会聖職者などが支持する党であり、後者は、特権をもたない非国教徒と商工業者などが支持する党であった。両党派は、名誉革命後、一つの体制を維持することで合意していたが、国政をどのようにして運営していくのかということに関しては方針が相反していた。

ヒュームによれば、最高の名誉が与えられるべき人物とは、法と制度との体系を確立して人民の平和と幸福と自由とを確実にしてくれる立法者や国家の創設者のことである。他方、嫌悪されるべき人物とは、党派を生みだし党派的対立を激化させる者である。なぜなら、政治的党派は政治組織を転覆し、法を無力にし、相互に助け合うべき同国人のあいだに激しい敵意を生みだすからである。

党派は、いかなる国においても、いったん発生すると、それを根絶することはきわめて困難である。それは、専制的な政体においても生ずるけれども、自由な政体においては、いっそう容易に生じ、急速に拡大するのである。

党派には、人間的要因にもとづくものと、事柄的要因にもとづくものとがある。前者は、特定の成員間に共有される個人的な友情関係から生ずるものであり、後者は、利益ないし見解の相違にもとづくもので、利益・原理・愛着によって生ずるものである。党派は、これら二つの要因によって生ずるが、このような純粋な形で見いだされることはほとんどなく、二つの要因がまざりあった形で見いだされる。

ところで、ヒュームは、あらゆる党派を完全に排撃すべきものと考えていたわけではない。人間には人間的要因にもとづく党派に向かうきわめて強い傾向があるし、人間は、対立し合う党派のいずれかにひとたび入れられてしまうと、自分と同じ派に対しては愛着を、反対派に対しては敵意をいだくものである。だが、いかなる社会においても、党派の発生を避けることはできないし、自由な政体においては、党派間の意見のちがいをまったくなくしてしまうことは望ましくないのである。ヒュームは、党派を類別し検討して、ある種のものは、他の種のものよりも有用であることを示唆し、利益にもとづく党派が最も不合理さが少なく、最も許容できると主張している。

ヒュームは、論文「党派の歩みよりについて」のなかでは、近年党派的な相違をなくしてしまおうという気運が社会に高まっていることを歓迎している。かれらによれば、危険な政党とは、政体の本質的な事柄や王位継承や政体の構成要素となっている比較的重要な特権などについて、互いに対立する見解をいだく場合である。このときおよそ妥協とか和解の余地はなく、反対派に対して武力に訴えることさえ正当とみなされる。イングランドの政党間にも、過去一世紀以上にわたって、このような憎悪がみられた。だが、近年トーリー党とウィッグ党のあいだに歩みよりの気運がみられるとし、つぎのように述べている。

「最近こうした政党による見解の相違をなくしたいという一般的な願望の最も力強いしるしが現

れてきた。政党の歩みよりに向かうこうした傾向は、将来の幸福に最もこころよい見通しを与えてくれるものであり、したがって、その国のすべての愛国者によって注意深く大事にされ、促進されなければならない。」（田中敏弘訳）

ヒュームは、このように、トーリー党とウィッグ党の歩みよりを歓迎するとともに、一つの政党が他の政党に対して根拠のない優越感をもたないようにすること、およびどんな論争においても、適切な中庸をえた立場を見いだすように努めることなどの重要性を強調している。

ヒュームの理想的共和国

ヒュームの政治論にとって、最後の問題は、いかなる政治制度が理想として考えられるかという問題であった。この問題は、論文「完全な共和国についての設計案」で考察されている。この論文は、名誉革命体制を承認したうえでの制限君主制の改善についても言及しており、イギリスの当時の政治批判ともなっている。

ヒュームは、名誉革命体制下のブリテンの政体をかなり高く評価していたが、ブリテンの制限君主制のもつ欠陥に注目し、その改善の必要性を痛感していた。そこで『オシアナ』（一六五六）をこれまでに公刊された唯一の価値ある共和国の設計案であるとし、これをモデルとして理想国を構想している。ジェイムズ＝ハリントンの主著『オシアナ』は、近代市民革命期に「法の支配」の貫徹される新しい政治制度の構築を試みたものである。

ヒュームの理想国は、グレート＝ブリテンとアイルランド、あるいはそれと等しい面積をもつ領土をもっており、一〇〇の州から成り、さらに各州は一〇〇の教区から成っている。各教区では適度の財産をもつすべての人が投票権をもち、無記名投票によって一名の州代議員を選出する。各州の代議員は、かれらのなかから無記名投票により一〇名の州政務官と一人の元老院議員を選出する。そして元老院議員の全員に州政務官の権限を与える。

したがって、共和国全体としては、一〇〇名の元老院議員と、一一〇〇名の州政務官と一万名の州代議員とがいることになる。行政権は元老院議員に、立法権は州代議員に帰属する。この共和国の運営に関して詳細な説明がなされているが、ここではこれ以上言及しないことにする。

ヒュームがブリテンの政体を制限君主制の完全なモデルにするために提案している主要な変更点は、第一に、選挙を平等にし、州選挙での投票資格を制限する。第二に、上院の議員数を三〇〇名ないし四〇〇名まで増加し、議席は世襲ではなく終身とすることなどである。しかし、これらの修正がなされたとしても、ブリテンの制限君主制に残る不都合として、王党派と人民派の対立、国王の個人の性格が政体に対して大きな影響力をもつことなどが指摘されている。

ヒュームの理想的共和国の構想は、箇条書き風の無味乾燥なものであるが、この設計案のなかには、ヒュームの卓抜な政治思想が含まれている。大野精三郎氏は、この点について、つぎのように述べている。

「第一に、当時ヨーロッパではモンテスキューの影響により、共和国は都市または小地域にかぎられ、フランスやイギリスのように広大な地域をもつ国では君主制が支配するという理論が支配的であったが、ヒュームが『巧妙な技術によって組織されている巨大な国家においても、……民主主義を洗練されたものにするために十分な余地と余裕とがある』と考え、共和国構想を提起したことは画期的なことであった。……第二に、巨大な国家における共和制実現のために必要とされる巧妙な政治技術に、間接選挙の方法が採られており、しかも選挙資格について財産上の資格が重視されている点である。」(『歴史家ヒュームとその社会哲学』岩波書店)

ヒュームの政治思想の意義　政治に関して、ヒュームの主要な関心は、人間本性の解明にもとづいて、市民社会における多様な政治現象を考察して、「科学としての政治学」を確立することにあった。ヒュームの契約説批判や党派論なども、科学としての政治学を確立するための不可欠の作業であったとみなすこともできる。

ヒュームが政治学の分野でなした第一の貢献として、社会契約説批判があげられる。かれは、『人性論』では、利己心とかぎられた寛大さを人間本性であるとし、『道徳政治論集』では、政治学の立場から「人間は無節操で利に走りやすい悪人」ととらえている。ヒュームにとって、利己心こそ人間本性の第一の事実であった。

ところで、ホッブズは、ヒュームと同じような利己的人間観に立ちながら、自然状態での「万人の万人に対する闘争」を克服して秩序をつくりだすために、人間相互の契約によって強力無比な国家にしなければならないと説いた。ヒュームは、同じ利己的人間観に立ちながらも、「人間の本性は個人相互の結合なしには決してやっていけない」(「政治社会について」)ようにできているとし、人びとを平和な社会秩序を守るように導こうとする。そして人びとが政府に服従するのは、原始契約や約束があったからではなく、政府の存在がかれらの利益になるからであると主張した。

またヒュームは、ホッブズとはちがって、穏やかな統治を望んだ。そのような統治は、当時のイギリスの政治体制を改善することによって実現できると考えた。ところが、名誉革命体制のもとで、ヒュームが最大の不安定要因とみなしていたのが、党派の存在であり、なかでも王権神授説や社会契約説によって理論的に武装した党派の存在であった。それゆえ、ヒュームの契約説批判は、単なる理論的批判ではなく、究極的にはトーリーとウィッグとのあいだの党派的対立の沈静化にあったと言うことができる。隅田《すみた》忠義氏は、この点について、つぎのように述べている。

「ヒュームは、商業社会の発展に対応した政治社会理論をどのように構築するかという問題をみずからの課題としたのである。というのは、ウィッグの政治原理であった契約説は、ボリングブルックによってウォルポール政権を打倒するために逆用され、それは名誉革命体制における安定期の政治理論となりえていなかったからである。したがってヒュームの契約説批判は、現政権のウィッグを批判するために企図されたものではなく、ボリングブルックがウィッグ政権打倒のために利用していた旧ウィッグの教説に対する批判にほかならなかったのである。」(「ヒューム政治社会論における契約説批判の意義」『イギリス哲学研究』第三号)

ヒュームが政治学の分野でなした第二の貢献として、功利性をあらゆる政治秩序の唯一かつ十分なる基準であると主張したことがあげられる。ヒュームによれば、政治社会の成立は功利性に求められるし、また人民が政府に対して服従の義務を果たすのは、平和と秩序とを享受する利益があるからである。ラスキは、政治思想史におけるヒュームの位置と功利主義との関係について、つぎのように述べている。

「ヒュームは、ある体系の創始者ではない。かれの仕事は、政治的事実の一貫した説明というよりは、むしろ一連の含蓄に富んだ暗示である。さらにかれがその先輩たちに多くを負っていることも考慮されねばならぬ。確かにかれはロックから多くを受けた。そしてかれの教説とともにスコットランドの啓蒙運動は、輝かしい日を迎えたのである。……ヒュームは、功利主義の真の創始者と考えられて然るべきである。……かれの仕事はいずれの面でも、近代政治思想の二大学派の誕生を逸早く告げるものであった。かれの功利主義は、急進的思想が受け入れられるようになるためのまことの通路となった。かれによる歴史の援用《えんよう》は、バークを通して、歴史的方法から生じた特別の保守主義の先鞭《せんべん》となった。」（堀豊彦・飯坂良明訳『イギリス政治思想II』、岩波現代叢書）

経済思想

経済学は、ふつうヒュームの親友であったアダム＝スミスによってつくりだされたものといわれている。ヒュームの経済思想の中核となる諸論文がおさめられている『政治経済論集』は、一七五二年二月に刊行された。この時期は、重商主義の解体期にあたり、またスミスが『国富論』の体系を確立する直前の時期にあたっている。

ヒュームは、『政治経済論集』では、狭い意味での経済分析を展開したのではなく、政治・経済・社会の密接な関係のもとに、しかも国内・国際の両面から市民社会論を展開している。したがって、この著書は、ヒュームの市民社会論を理解しようとする者にとって、不可欠で、しかも画期的な意義をもつものである。

ヒュームの経済思想と社会思想は、わが国では、従来アダム＝スミスの思想との関連において研究されてきた。ところが、ヒュームの経済思想についての通説と、かれの社会思想についての通説とは、二つの相反するヒューム像を生みだしてきた。経済思想についての通説は、ヒュームを重商主義的思想を残存しながら、スミス理論を準備する思想家とみなし、他方、社会思想についての通説は、かれを重商主義的政策を支える法理論ないし国家理論をもつ思想家とみなしてきた。この二つの解釈は、ヒュームを二人の思想家に分裂させてしまう（常行敏夫「ヒュームの経済理論と社会理論」、『専修経済学論集』第一〇巻第二号）。

　この相反する二つのヒューム解釈をめぐって論争が行われたが、近年では、ヒュームの経済思想は、基本的には経済活動の自由を主張する自由主義を基調にしつつ、それにもかかわらず重商主義的な理論と観念を克服できないで残存させていたという解釈が有力になっているように思われる。

『政治経済論集』の初版には、「商業について」、「奢侈について」、「貨幣について」、「利子について」、「貿易差額について」、「勢力均衡について」、「租税について」、「公信用について」、「注目に値する若干の法慣習について」、「古代諸国民の人口について」、「新教徒による王位継承について」、「完全な共和国についての設計案」の一二篇が含まれていた。内容からみれば、経済を中心とする論文が八篇であり、政治を中心とする論文が四篇である。なお、一七五八年に出版された際には、「原始契約について」、「党派の歩みよりについて」など四篇が追加されて、合計一六篇となった。

アダム＝スミス

　また『政治経済論集』におけるヒュームの市民社会に関する基本的な分析・態度は、「商業について」と「奢侈について」において最も明白に示されている。

経済発展の原理

ヒュームにとって、根本的な問題意識の一つは、市民社会の形成・発展を解明することであった。そのためには、人間本性における不変の原理を前提にして、そのうえに社会科学の体系を樹立してゆくことが必要であった。ヒュームは、『政治経済論集』の第一論文である「商業について」の冒頭で、それぞれの論文が一般原理の確立を目的にしていることを、つぎのように述べている。

「非常に多くの個々の事柄のなかから、すべての人が一致する共通の事情というものを区別したり、あるいはそれを他の余分な事情から純粋に夾雑物《きょうざつぶつ》をまじえずに取り出したりすることは、大多数の人には容易なことではない。……しかし、どのようにこみいってみえるとしても、一般原理は、それが正しくて確実であるかぎり、特殊な場合には妥当しないことがあろうとも、事物の一般的ななりゆきにあっては、つねに貫徹しているにちがいなく、この一般的ななりゆきに注目することは、学者の主要な仕事なのである。なおまた、それは政治家の主要な仕事でもあるといえよう。」（田中敏弘訳）

ここでヒュームは、この著書での目的がいくつかの一般原理の確立にあることを明らかにし、しかもこの原理を、個々の事柄の場合ではなく、「事物の一般的ななりゆき」から見いだすことの重要性を指摘している。

ところで、ヒュームの経済論のなかでひんぱんに用いられている二つの用語がある。アーツ(arts)とインダストリー(industry)という用語である。アーツという語は、重商主義の時期にいろいろな意味で用いられ、今日では技術・技芸・産業などと訳されている。またインダストリーという語は、田中敏弘氏によれば、ヒュームの経済論の根幹をなすものであり、「近代的意味における勤労ないし産業活動を表し、さらにひろく近代的生産力をさし、インダストリーの増大は、近代的生産力増大の指標とされている」(『社会科学者としてのヒューム』未来社)ものである。

ヒュームの経済論においては、アーツとインダストリー(技術と産業活動)の増大ということが一貫して強調されている。とりわけ、インダストリーの増大ということが強調されている。たとえば、利子論では、利子率低下の原因がインダストリーの増大にあることが、また租税論では、租税はいかにすれば、国民のインダストリーを刺激するかが問題とされ、人口論においては、古代と近代の人口を比較するときに、最も重要な指標がインダストリーの大小に求められている。

このように、ヒュームにおいては、インダストリーの増大は、国民の生産性の増大の尺度とされ、経済発展の原理とみなされている。

近代産業発展の構造　ヒュームは、インダストリー増大の基本的仕組を明らかにするために、農工商の分化がどのようにして行われ、どのようにして発展してきたかということを分析する。

ヒュームによれば、人間は、主として狩猟や漁獲によって生活していた未開状態を離れると、農民と製造業者という二つの階級に分かれはじめた。前者は、土地の耕作に従事し、後者は、農民から供給される原料を加工する仕事に従事した。この分化の初期においては、大多数の人びとは、農業に従事していた。だが、農業の改善によって、土地は、農民と農業に必要な製造品をつくる人びとを養うだけでなく、はるかに多くの人びとを容易に養うことができるようになった。こうして、土地は、生産力の発達によって、農民と製造業者を維持しても、まだあまる剰余生産物を生みだすようになった。この剰余生産物によって養われる人びとが剰余人口である。

ヒュームは、このような剰余人口を使用する仕方には二つあると主張する。一つは、これらの余分な人手が奢侈《しゃし》産業（arts of luxury）とよばれる、より洗練された産業に従事する場合である。そのとき享楽品が増加し、国民の幸福が増大する。他の一つは、これらの余分な人手を、商人や製造業者にしないで、軍隊の維持に向ける場合である。このとき支配者は、かれの領土を拡張するために軍隊を使用しようとし、国民の奢侈を抑制しようとする。だからここでは支配者の勢力と国民の幸福とのあいだに一種の対立関係が生ずる。このような事例として、古代のスパルタやローマ共和国があげられる。だが、スパルタやローマ共和国の政策は、「事物のより自然で通常ななりゆき」に反するものであって、その再現はもはや不可能である。

このように、ヒュームは、余分の人手を使用する二つの仕方、近代の政策と古代の政策を指摘したうえで、産業活動と技術と商業とは、国民の幸福だけでなく、支配者の力をも増大させることを、つぎのように語るのである。

「事物の最も自然ななりゆきによれば、産業活動と技術と商業とは、国民の幸福だけでなく、主権者の力をも増大させるものである。だから、個人を貧しくすることによって国家を強大にしようとする政策は乱暴である。」（田中敏弘訳）

また農業だけが存在し、そこから商工業が分化しない段階で剰余生産物が生じた場合にどのようになるかということに関しても、ヒュームは言及している。この場合、大多数の人びとは農業に従事しなければならない。しかし、商工業が生じなければ、その剰余生産物と交換する製造品がないことになるから、他の財貨と交換することができない。農産物の豊富は、安逸《あんいつ》の風習を広めるだけである。その結果、農業そのものも、十分な発達をとげることができなくなる。

商工業の分離とインダストリー　ヒュームによれば、スパルタやローマ共和国の政策は、事物の自然で通常なりゆきに反するものであり、また農業だけが存在し、そこから商工業が分化しないところでは、その社会は十分な発展をとげることができないのである。それでは、農業から工業が分離し、これらの二部門のあいだに社会的分業が成立する場合には、その社会はどのように発展するのだろうか。

工業が農業から分化する場合、土地の剰余生産物は、製造品と交換できるので、その生産力も増大する。農業は、工業の媒介により、より多くの剰余生産物を生みだし、より多くの剰余人口を維持することが可能になる。このように、農業と工業とのあいだの分業と交換にもとづく相互的な刺激作用により、社会全体の生産力が増大するのである。

ヒュームは、ここでは農業と工業とのあいだの社会的分業の成立が、どのような発展をもたらすかを示すにとどまっているが、論文「利子について」では、商業を媒介として商品交換を示している。ヒュームによれば、商業は、勤労を国家のある成員から他の成員にすみやかに運ぶことにより、この勤労を生みだす。また商業は、人びとに仕事を与え利得に関心をもたせることによって節約を増大させる。そして労働と財貨という形で大財産を集積することを可能にする。したがって、もし商業がなければ、国家は、主として浪費と濫費《らんぴ》とのためにいつも借金の必要に迫られる地主と、その需要をみたす金をもたない小作人とから成りたつことになるだろう。

このように、農業から商工業が分離し、農業と商工業とのあいだに社会的分業が成立したとき、インダストリーは、ますます増大するのである。この場合、事態がどのようにして進展するかということに関して、ヒュームは、つぎのように述べている。

「世界のあらゆる物は労働によって購買される。そして労働の唯一の原因はわれわれの諸欲望である。ある国民が製造業や機械的技術に富むときには、農民だけでなく土地所有者も、農業を一つの科学として研究し、かれらの勤労と入念さとを倍加する。かれらの労働から生ずる剰余生産物は、失われることがなく、製造品と交換されて、いまや人びとの奢侈がかれらに渇望させるもろもろの財貨を得させる。このようにして、土地はその耕作者の必要を満たすよりもはるかに多量の生活必需品を供給する。平和で平穏な時代には、この剰余生産物は、製造業者や学芸の改善者を維持することに向けられる。」（田中敏弘訳）

奢侈とは

『政治経済論集』の初版において「商業について」という論文のつぎに配置されているのが「奢侈について」という論文である。この論文は、一七六〇年に「技術における洗練について」と改題された。これは奢侈という言葉が誤解されやすいことを考慮したためであろうと思われる。ヒュームにとって、本質的に重要な奢侈は、技術上の洗練ということ、すなわち機械的技術を中心とした産業の進歩、それに伴う消費生活の水準ということであった。ヒュームは、この論文のなかで、当時政治・経済論争の的となっていた奢侈問題をとりあげ、奢侈が近代社会において、どのような意義をもっているかということを明らかにしようとする。

ヒュームによれば、奢侈(luxury)という言葉は、不確かな言葉であって、よい意味にも悪い意味にもとることができる。一般的には、「五官の満足における高度の洗練」ということを意味する。奢侈の程度は、時代や国によって、あるいは各人の境遇によってさまざまで、この問題において徳と不徳との境を明確に規定することはできない。五官に関する満足は、何らかの感覚を満足させること、すなわち飲食とか衣服とかについて心を傾けることであれ、それ自体が悪徳であると考えることとは、常軌を逸しており、ふつうの人間には決して理解できないことである。

ところで、奢侈は、道徳的に無害であるとも、また有害であるとも考えられるので、いろいろな見解が主張されてきた。一方では、マンデヴィルが代表する「放縦な考え方」は、最も不道徳な奢侈をさえ賞賛し、それを社会にとってきわめて有益なものであると説いている。他方、ボリングブルックが代表する「厳格な道徳家」の見解は、道徳的に無害な奢侈までも非難し、社会に生じがちな堕落、騒乱および紛争の源がすべてそれに起因すると説いている。ヒュームは、この両方の極論を検討して批判しながら、自己の立場を表明するのである。

ヒュームは、まず奢侈を道徳的に有害なものと道徳的に無害なものとに区別し、後者が近代社会において経済学的にどのような意味をもつかを検討する。かれによれば、奢侈とは、「五官の満足における高度の洗練」と考えられるので、ここでの高度の洗練とは、消費財の種類の問題ではなく、消費財のうちに、より高度な技術上の洗練が含まれているがどうかによって区別される。それゆえ、無害な奢侈は、技術上の洗練と同一に考えられ、奢侈の時代とは、より洗練された技術を含む産業の発達した時代、つまり近代を意味することになる。

奢侈の時代は幸福な時代

ヒュームは、最初に「洗練された時代は、最も幸福であるとともに最も有徳な時代でもあること」を説明するために、この洗練が人びとの公私にわたる生活のなかで、どのような影響をおよぼしているかを考察する。

「人間の幸福は、三つの要素、すなわち活動と快楽と安逸とからなっていると思われる。そしてこれらの要素は、人それぞれの性向にしたがってさまざまな割合で混っているはずだが、どの一つの要素でもそれをまったく欠くときには、必ずある程度までその構成全体の持味を壊してしまう。……産業活動と諸技術とが栄えている時代には、人びとは絶えず仕事に従事し、労働の果実である快楽だけでなく、仕事じたいをもその報酬として享受する。精神は新しい活力を獲得し、その力と能力とを増大する。そして実直な産業活動に精励することによって自然な欲望を満足させるだけでなく、安易と怠惰とに養われた際に通常生ずる不自然な欲望の成長をも妨げる。」(田中敏弘訳)

このように、奢侈の時代は、第一には人間の幸福を最もよく満たしてくれる時代である。第二には産業活動と機械的技術における洗練は、学問上においても何らかの洗練をつくりだすのである。偉大な学者や政治家、有名な将軍や詩人を生みだす時代は、同時に熟練した織布工や船大工をたくさん生みだすのである。人びとがひとたび無気力からよびさまされると、あらゆる技術と学問が改善され、人びとは思索するようになり、身体上の快楽だけでなく、精神上の快楽も求めるようになる。

第三には、洗練された技術が進歩すればするほど、人びとはますます社交的になる。そして学識に富み会話の楽しみを知るとき、誰でも孤立の生活に満足したり疎遠な仕方で同胞と暮らすことが不可能になる。第四には、洗練された技術がもたらす利益は、これに比例した不利益を伴うものではないということである。「人びとが快楽を洗練すればするほど、どんな種類の快楽にも過度にふけるということがますます少なくなる。」

ヒュームは、奢侈の時代がもつ意義をこのように強調したうえで、「厳格な道徳家」の立場を、つぎのように批判する。

「厳格な道徳家」は、技術の洗練を堕落・騒乱・紛争の源として非難するが、この立場は、怠惰・

不精・安逸を擁護することになり人間の幸福に寄与しない。たとえば、スパルタ共和国は、これと同数の人口をもつどの国よりも強大であったが、それは奢侈と商業がないことにもとづいていた。それだけに人びとには社交もなければ享楽もなく、未開な暮らし方を強いられていた。つぎに、「厳格な道徳家」が、古代の共和国において、奢侈こそ政治的自由の破壊者であったという点をとりあげる。ヒュームによれば、技術における洗練は、古代の共和国に存在しなかったし、政治的自由と、それを支える階級も存在しなかったのである。

THE
FABLE
OF THE
BEES:
OR,
Private Vices
Publick Benefits.
CONTAINING,
Several Difcourfes, to demonftrate, That Human Frailties, during the degeneracy of MANKIND, may be turn'd to the Advantage of the CIVIL SOCIETY, and made to fupply the Place of Moral Virtues.
Lux e Tenebris.
LONDON:
Printed for J. ROBERTS, near the Oxford Arms in Warwick Lane, 1714.

『蜂の寓話』

他方、ヒュームは、「放縦な考え方」に対しては、厳格な道徳家に対するよりも寛大であって、その批判も厳しくない。マンデヴィルが、『蜂の寓話』のなかで、道徳的栄誉は政治家が公益のためにつくりだしたものだと主張し、他の箇所で、悪徳が社会にとって有益であると主張していることは、ひどく矛盾したことである。ヒュームは、人間本性としての利己心を認め、個人の悪徳がそのままで公共の利益になるとは考えないので、政治家の課題をつぎのように、説くのである。

「かれは、あらゆる悪徳を徳におきかえて、これを矯正することはできない。かれは、ある悪徳を別の悪徳で矯正することしかできないことがきわめて多い。そしてその場合には、かれは社会にとって最も害の少ないものを選ぶべきである。奢侈は、度を過ごせば多くの害悪の源となるが、しかし、一般には、不精や怠惰よりはましである。後者は、ふつう奢侈にかわって生じ、私人と

公人とのいずれにとってもより有害である。」（田中敏弘訳）

貨幣の機械的数量説

ヒュームには二つの貨幣理論、すなわち機械的数量説と連続的影響説がみられる。論文「貨幣について」の冒頭において、機械的数量説について説明している。この理論によれば、貨幣とは、商業における実体の一つではなくて、財貨の交換を容易にするために人びとが承認している道具にすぎない。貨幣は、交易の車輪の一つではなくて、車軸の動きをより円滑にするための潤滑油である。

このように、貨幣は、労働や商品の代表物にすぎず、財貨相互の交換に役立つものである。それは、計算の単位として交換の手段とされるものである。貨幣量の増大は、それに比例して物価の騰貴をもたらし、貨幣量の減少は、それに比例した物価の下落をひきおこすけれども、経済の過程には実質的影響を与えないのである。

ヒュームは、この機械的数量説を外国貿易の問題と結びつけることにより、貨幣の自動調節機能を、論文「貿易差額について」のなかでつぎのように述べている。

「かりに、グレート・ブリテンの全貨幣の五分の四が一夜のうちに消滅し、わが国民が正金（貨幣）に関しては、ヘンリー諸王やエドワード諸王の時代と同じ状態にもどったとすれば、どのような結果が生ずるであろうか。きっと、すべての労働と財貨との価格はこれに比例して下落し、あらゆるものは、これらの時代と同様に安く売られるであろう。……したがって、ごく短期間のうちに、この事情は、きっと、わが国が失った貨幣を呼び戻し、わが国の労働と財貨との価格を近隣のすべての国民の水準にまで、騰貴させるであろう。われわれがこの点に達したのちは、労働と財貨との廉価《れんか》という利点はただちに失われる。そして、これ以上の貨幣の流入は、わが国の飽和状態によって止められるのである。」(田中敏弘訳)

このように、商品価格の水準が異なる外国貿易は、国内の貨幣量の増減をもたらす。一国の貨幣総量が急激に減少する場合には、国内の物価が下落し、国外市場では有利となり輸入が減少して輸出が増加することとなり、物価水準が近隣の諸国民と等しくなるまで騰貴して落ちつくことになる。ヒュームは、このような地金の自動調節論にもとづいて、貿易差額の測定の困難さを指摘し、貿易差額のプラスが重要であるとする重商主義の考え方を有害無益であると批判し、これに代わって自由貿易を原則として主張したのである。

貨幣の連続的影響説

ところが、国内の貨幣流通の問題に入ると、ヒュームは、機械的数量説ではなく、連続的影響説といわれる貨幣理論を展開する。かれによれば、ある国における貨幣の多量の流入は、物価の騰貴をもたらしただけでなく、産業活動の発展に多大な刺激を与えたのである。

一五世紀末にアメリカが発見され、そこの貴金属がヨーロッパ各国に流入したときに、それらの国において産業活動が発展した。その理由として、いろいろなことが考えられるが、とりわけ金銀の増加があげられる。このことについて、ヒュームは、つぎのように述べている。

「われわれは、貨幣が以前よりも多量に流入し始めるあらゆる国においては、あらゆる物が新しい様相を呈することを知る。すなわち、労働と産業活動とは生気を帯び、商人は企業にいっそう熱心になり、製造業者は勤勉と熟練とを増し、農民でさえ、より敏速にかつ注意深く耕作するようになる。……この現象を説明するためには、つぎのことを考察せねばならない。すなわち、財貨の高価格は、金銀の増加の必然的結果ではあるけれども、この増加に続いてただちに生ずるものではなくて、貨幣が国の全体にあまねく流通し、その効果が国民のすべての階層に及ぶまでには、ある時間の経過が必要なのである。はじめのうちは何らの変化も認められないが、やがて次第に一つの財貨から他の財貨へと価格は騰貴してゆき、ついにはすべての財貨の価格がこの国にある貴金属の新しい分量にちょうど比例する点にまで達する。私の意見では、金銀の増加が産業活動にとって有利なのは、貨幣の取得と物価の騰貴とのあいだの間隙《かんげき》ないし中間状態においてだけである。」(田中敏弘訳)

ヒュームは、ここでは、貨幣を中立的なものとしてではなく、貨幣自体を経済過程に影響力をもつものとして取り扱っている。金銀の増加がどのようにしてインダストリーに刺激を与え、経済の拡大を促進するかということは、つぎのように説明されている。

外国からもたらされる貨幣は、最初に特定の商人や製造業者の手に入る。かれらは、この貨幣によってその事業を広げて、多くの労働者を雇用するであろう。さらに労働者が足りなくなると、製造業者は、高い賃銀で雇用し、その代わり労働時間の延長などによってより多くの労働を求めるようになる。こうして労働者の賃銀の総額は増加する。市場では物価が変化しないから、家族のためにより多くの商品を買うことができる。その結果、農民は、この需要増に対応するために生産をふやすようになる。そしてより多くの貨幣を手に入れ、より多くの製造品を購入するだろう。このように、貨幣（金銀）の増加は、それが物価の騰貴となるまでに、あらゆる職業に従事する人びとの勤勉を増大させ、産業活動に刺激を与えるのである。

したがって、為政者のすぐれた政策とは、できることなら貨幣量をたえず増大させるようにしておくことである。というのは、その方策によって、国民の勤労意欲を活発に保ち、労働の貯えを増大させることができるからである。このように、貨幣の連続影響説では、貨幣の増大は、究極において生ずる物価騰貴までの中間状態においてインダストリーを促進するので望ましいものとされる。この貨幣量の増大は、国内に金銀鉱山をもたないときには、貿易差額のプラスにたよらざるをえない。それゆえ、この理論では貿易差額説の完全な批判は不可能である。

ヒュームの経済思想の意義

ヒュームは、一方では貨幣の機械的数量説にもとづいて貿易差額説を批判して自由貿易を主張したが、他方では、貨幣の連続的影響説を説いて貿易差額説と両立できる見解を述べた。この二つの貨幣理論は、もともと別種の理論であって、簡単に綜合することができるものではない。それでは、二つの相反する理論は、ヒュームにおいて、どのような関係にあったのだろうか。

ヒュームによれば、経済発展の原理はインダストリーの増大である。インダストリーの増大があってはじめて貨幣量の増大が生ずるのであって、決してその逆ではない。また連続的影響説に言及した際にも、「金銀の増加が産業活動にとって有利なのは、貨幣の取得と物価の騰貴とのあいだの間隙ないし中間状態においてである」とその適用範囲を限定している。

さらに、ヒュームは、一七五八年に『政治経済論集』に新たに付加された論文「貿易上の嫉妬《しっと》について」において、ヒュームは、自由貿易の必要性を痛感して、富裕な隣国を危険視し、貿易国すべてを競争相手とみなす見解に反対して、ある国における富と商業との増大は、その近隣の諸国民の富と商業をそこなうものではなく、むしろ促進すると述べ、そのあとで、外国貿易のもたらす相互的利益を、つぎのように説明している。

「自然は、相異なる天分や気候や土壌をそれぞれの国民に与えることによって、それらの国民がすべて勤労と文明とを重んずるかぎり、かれら相互の交通と商業とを保障している。いや、どの国においても、技術が進歩すればするほど、産業の盛んな近隣の諸国民への需要は、ますます多くなるものなのだ。住民が富裕になり、熟練をもつようになると、どんな財貨でも、最高の出来のものが欲しくなる。それに、そういう住民は、交換に与えうる財貨を豊富にもっているから、どの外国からもたくさん輸入する。こうして輸入元の諸国民の産業活動が刺激される。一方、その住民じたいの産業活動もまた、交換に与える財貨の販売によって発達するのである。」（田中敏弘

訳)

このように考察してくると、ヒュームは、貨幣の機械的数量説を主要な原理とし、連続的影響説を例外的な場合に主張したと解釈することが可能であるように思われる。卓越したヒューム研究者である田中敏弘氏は、この点に言及しつつ、ヒュームの経済思想のもつ意義を、つぎのように述べている。

「ヒュームは、国内商工業の発展をもって経済発展とみなし、このために外国貿易の自由を説いた。その際かれは、一応機械的数量説を基礎としたが、他方では、アダム＝スミスとほぼ同じ国際分業思想にも根拠をおいている。これに対して、『国富論』のスミスが機械的数量説によらず、資本蓄積論を基礎として自由貿易を唱えたことは、スミスの最も大きな貢献である。このようなスミスに比較すれば、ヒュームの機械的数量説にもとづいた保護主義の批判は、いわば形式論理的な批判にとどまるものともいえよう。しかしながら、それにもかかわらず、ヒュームの経済論の意義は、ヒュームが国内商工業の発展を中心としたインダストリーの増大の基調から、貿易における保護を唱えずにむしろその自由を主張したところに求められるであろう。この意味において、ヒュームは、保護主義としての重商主義を脱却し、スミス古典派経済学の世界へと一歩を進めたといえるであろう。」(『社会科学者としてのヒューム』、未来社)

ヒュームから学ぶこと

ヒュームほど生存中から今世紀にいたるまで消極的な評価をうけた哲学者はいないであろう。この種の評価をうけたことに対して、ヒューム自身にも責任の一端があったことは、冒頭の部分で述べた通りである。

しかしながら、一九六〇年以降、ヒューム研究は、哲学・宗教・政治・経済・歴史などの分野において、画期的な進展をとげ、多くの水準の高い研究が発表されてきた。今日ヒューム研究は、外国では大変な盛況のうちにあるといっても過言ではあるまい。

本書では、ヒュームの主著である『人性論』(『人間本性論』とも訳される)を中心にかれの生涯と思想の紹介に努めたつもりである。ここでヒュームの著作を読むときに、最も留意すべきことを指摘しておきたい。それは、ヒュームは人間本性が不変の原理をもつことを確信していたという事実である。この点でヒュームは、まぎれもなく一八世紀の啓蒙主義者であった。このことを見落とすとき、ヒュームを徹底した懐疑論者と規定し、かれの哲学を、イギリス経験論を袋小路に追いつめたもの、あるいはカントの独断のまどろみを目覚めさせたものという解釈にとどまることになる。ヒュームは、自らの懐疑論を「穏和な懐疑論」とよんでいる。このことは、ヒュームの哲学が鋭い分析によって、当時確実なものとみなされていたものを徹底的に破壊するとともに、人間本性の学を基礎学として、新しい諸学の体系に向かうものであったことを意味している。

ヒュームは、人間本性が時代をこえ、国をこえて不変であることを『人間知性研究』のなかで、つぎのように述べている。

「あらゆる国あらゆる時代の人びとの行動には、大きな画一性があり、また人間本性も、その原理や作用においては、依然として同一のままである。同じ動機はいつも同じ行動を生みだす。同じ事件は同じ原因から生ずる。……人類はあらゆる時代と場所を通じて同一であるから、歴史はこの点において、何ら新奇なことを知らせてくれない。歴史の主要な効用は、あらゆる多様な事態と状況のなかにある人間を提示することによって、われわれが考察を進め、人間の行動や振舞の正常な源泉に精通するための資料を提供してくれることによって、人間本性の恒常的で普遍的な諸原理を見いだすことにほかならない。」

ヒュームは、このように、人間本性が普遍的原理をもつことを明言し、歴史研究がさまざまな状況のなかにある人間を通して、人間本性の普遍的な諸原理を確認していく作業にほかならないことを明らかにしている。

現代の卓越したヒューム研究者たちによれば、ヒュームの人間学には、狭い意味で用いられる場合と広い意味で用いられる場合がある。そしてこれは、ヒュームの探究にみられる二つの過程、すなわち分析と綜合の過程に対応している。

ヒュームは、『人性論』の第一篇と第二篇では、観察と経験にもとづいて、人間本性の諸原理を、詳しくいえば人間の知性と情念にかかわる性質と関係を、分析的探究によって解明する。これが狭い意味での人間学である。つぎに『人性論』の第三篇では、第一篇と第二篇で見いだされた人間本性の諸原理を、社会のなかの人間の多様な経験の諸領域に適用して、そこに行動の諸法則を見いだそうとしている。これが広い意味での人間学であり、綜合的探究によって解明されるものである。

ヒュームは、このように、人間を人間本性そのものと社会的存在としての人間という二つの側面から把握しなければならないことを十分に認識していた。したがって、ヒュームにとっては、哲学的課題と社会科学的課題とは密接に結びついているのである。ヒュームの思想全体を統一的に把握するということは、まさにこの二つの側面を総体として把握することを意味するのである。

このヒュームの視野の広さは、一八世紀の啓蒙主義によるものであるが、現代においても、決してその意義を失うものではない。諸科学の分化と専門化が著しい今日、哲学もともすると狭い領域に閉じこもる傾向がある。しかし、このような研究姿勢では、それがいかに精緻《せいち》で徹底したものであったとしても、現代社会において、人類が直面しているさまざまな課題に対して、その解決に貢献することは困難であろう。この点で、ヒュームの人間学の構想とそれを探究した方法とは、もっと高く評価されてよいように思われる。

あとがき

私は、本書で一八世紀の偉大な思想家の一人であるヒュームの歩んだ道と思想をたどってきた。触れられなかった問題や言い足りなかったことなどもあり、ヒュームの全体像を描くことができたであろうかという不安にかられる。これは筆者の力不足によるものであり、今後ヒューム研究を深めるように努めたいと考えている。本書が多少ともヒュームの思想の理解に役立ち、ヒュームの著書を読むきっかけになるならば、これ以上の喜びはない。

本書の執筆を小牧治先生に薦められてから、かなり年数が過ぎてしまった。その間に在外研究などで二度イギリスを訪れることができた。在外研究から帰国してまもなく、学部改革の委員長に選ばれ、改革案作成に伴うごたごたのなかで、ヒュームの著作を読みながら原稿を書き直したことが、今となってはなつかしく思いだされる。

本書の執筆にあたっては、いろいろな人の御著書や御訳書を参考にさせていただいた。なかでも、大槻春彦、山崎正一、杖下隆英、神野慧一郎、土岐邦夫、斎藤繁雄、田中敏弘、舟橋喜恵氏の御労作からは多くのことを教えられた。ここで厚く御礼申し上げたい。

なお、出版に際しては、編集部の徳永隆氏にひとかたならぬお世話になった。心から感謝するしだいである。

一九八七年一一月

著者

ヒューム年譜

西暦	年齢	年譜	背景となる社会的事件と参考事項
一七〇四			10月、ロック死ぬ(一六三二〜)。
〇七			大ブリテン連合王国成立。
一〇			バークリー、『人知原理論』刊行。
一一		4月26日、エディンバラの別邸でデイヴィット=ヒューム生まれる。	シャフツベリ、『人間、慣習、世論、時代の諸特徴』刊行。
一三	2	父ジョーゼフ=ヒューム死ぬ。	シャフツベリ死ぬ(一六七一〜)。
一四	3		ジョージ一世即位し、ハノーヴァー朝始まる。
二一	10		マンデヴィル、『蜂の寓話』刊行。 ウォルポール、首相となり、以後20年にわたるウォルポール時代が始まる。
二三	12	エディンバラ大学に入学。	アダム=スミス生まれる(〜九〇)。
二五	14	エディンバラ大学を去る。	ハチスン、『美と徳の観念の起源』刊行。
二七	16		ニュートン死ぬ(一六四二〜)。

一七二九	18	春、「思想の新しい情景」の体験。秋、すべての熱意が消え失せてしまい、重症のノイローゼになる。	
三一	20	5月、食欲が旺盛になり、急にふとって、風貌が変わる。	デフォー死ぬ（一六六〇〜）。
三四	23	2月末、ナインウェルズを去り、ロンドンで「医師への書簡」を書く。ブリストルで商会に勤める。夏、ブリストルを出発してフランスに赴く。パリを経てランスに着く。	ヴォルテール、『哲学書簡』刊行。
三五	24	秋、ラフレーシに移り、『人性論』を書く。	リンネ、『自然の体系』刊行。
三七	26	イギリスに戻り、ロンドンで『人性論』出版のために奔走する。	
三九	28	1月末、『人性論』の第一篇・第二篇を刊行。反響がなく失望し、ナインウェルズに戻る。	
四〇	29	3月、『人性論摘要』刊行。11月、『人性論』第三篇を刊行。	オーストリア継承戦争始まる。
四一	30	『道徳政治論集』第一篇を刊行。好評を得る。	
四二	31	『道徳政治論集』第二篇を刊行。	ウォルポール、首相を辞職。
四四	33	エディンバラ大学教授の候補となるが、宗教的見地から反対される。	

一七四五	34	4月、アナンデイル侯爵の家庭教師として、同家に入る。 母キャサリン死ぬ。	ジャコバイト、エディンバラを占領。
四六	35	4月、アナンデイル家を去り、ロンドンに滞在。 5月、セント=クレア中将のブルターニュ遠征に法務官として参加し、翌年帰国。	ハチスン死ぬ(一六九四〜)。
四八	37	2月、セント=クレア中将よりウィーン・トリノへの軍事使節団の副官として随行を求められ、参加。 4月、『人間知性についての哲学的試論』(五九年に『人間知性研究』と改題)を刊行。 年末、ロンドンに戻る。	アーヘンの和約で、オーストリア継承戦争終わる。 ベンサム生まれる(〜一八三二)。
五一	40	兄ジョンの結婚を機に姉とエディンバラに住居を構える。 12月、『道徳原理研究』を刊行。 年末、アダム=スミスの後任として、グラスゴー大学の論理学の教授に推薦されるが、またも宗教的見地から反対される。	ディドロ・ダランベールら、「百科全書」第一巻発売(〜七二)。
五二	41	2月、エディンバラ弁護士協会の図書館長となる。 『政治経済論集』刊行。	イギリス、グレゴリオ暦を採用。
五三	42		バークリー死ぬ(一六八四〜)。

一七五四	43	秋、『イングランド史』第一巻刊行。	
五六	45	年末、『イングランド史』第二巻刊行。	七年戦争始まる。 大ピット、議会の信任を得る。 バーク、『崇高と美の観念の起源の研究』刊行。
五七	46	1月、図書館長を辞す。 2月、「宗教の自然史」を含む『小論文四篇』刊行。	プラッシーの戦い。
五九	48	3月、『イングランド史』第三・四巻刊行。	1月、大英博物館開館 アダム=スミス、『道徳感情論』刊行。
六〇	49		ジョージ三世即位。
六二	51	11月、『イングランド史』第五・六巻刊行。	ルソー、『社会契約論』刊行。
六三	52	6月、ハートフォード卿コンウェイより、パリへ秘書として随行しないかという招請をうける。 10月、パリに到着。社交界で大変な歓迎をうける。ダランベール・ディドロらと交わる。	2月、パリ講和条約調印。七年戦争終わる。
六四	53	6月、ブフレル伯爵夫人との親交深まる。 10月、ブフレル伯爵死ぬ。	リード、『常識原理にもとづく人間の心の研究』刊行。
六五	54	7月、コンウェイの正式の秘書官となり、代理大使を勤める。 12月、パリでルソーと会う。	印紙条令発布。アメリカ植民地の反乱。 ワット、蒸気機関発明。

一七六六	55	1月、ルソーを伴って帰国し、保護に尽力。6月、ルソーより絶交を言いわたされる。	
六七	56	2月、ハートフォード卿の弟コンウェイ将軍が北部担当の国務大臣となり、ヒュームはその次官となる。翌年1月に次官を辞す。	タウンゼンド関税法。
七〇	59	秋、エディンバラの新市街に新居を建てはじめる。	ビーティ、『真理の本性と不易に関する論』刊行。
七一	60	春、新居に移る。	
七二	61	健康が衰えはじめる。	第一次ポーランド分割。
七五	64	高熱・下痢・出血などの症状が現れ、大腸および肝臓の癌であることを自覚。	アメリカ独立戦争始まる(～八三)。
七六	65	1月、遺言状を作成。 4月、「私の生涯」を書く。 8月、遺言状に補足書を追加し、『自然宗教をめぐる対話』の出版を甥に委託する。 8月25日午後4時ごろ、ヒューム永眠。 8月29日、エディンバラのカールトン＝ヒル墓地に埋葬される。	春、ギボン、『ローマ帝国衰亡史』刊行。 アダム＝スミス、『国富論』刊行。 7月、アメリカ、独立を宣言。
七九		秋、『自然宗教をめぐる対話』刊行。	

参考文献

●ヒュームの著作の翻訳書

『人性論』（全四巻）（岩波文庫）　大槻春彦訳――岩波書店　一九五二

『ロック・ヒューム』（世界の名著32、中公バックス）　大槻春彦責任編集――中央公論社　一九八〇

『市民の国について』（上・下）（岩波文庫）　小松茂夫訳――岩波書店　一九八二

『ヒューム政治経済論集』　田中敏弘訳――御茶の水書房　一九八三

『自然宗教に関する対話』（ヒューム宗教論集Ⅱ）　福鎌忠恕・斎藤繁雄訳――法政大学出版局　一九七五

『奇蹟論・迷信論・自殺論』（ヒューム宗教論集Ⅲ）　福鎌忠恕・斎藤繁雄訳――法政大学出版局　一九八五

『宗教の自然史』　福鎌忠恕・斎藤繁雄訳――法政大学出版局　一九八六

なお、本書におけるヒュームの著作からの引用に際しては、引用文のあとに訳者名を記した。書名・出版社名は右に記した通りである。引用する際に、用語など一部を変更したものもある。訳者名のないものは拙訳である。

●ヒュームについての研究書

『デイヴィッド・ヒューム研究』　日本イギリス哲学会監修　斎藤繁雄・田中敏弘・杖下隆英責任編集――御茶の水書房　一九八七

『山崎正一全集2――ヒューム研究　ヒュームとルソー』　山崎正一著――朝日出版社　一九八四

『ヒューム』 杖下隆英著 ―― 勁草書房 一九八二

『ヒューム研究』 神野慧一郎著 ―― ミネルヴァ書房 一九八四

『社会科学者としてのヒューム――その経済思想を中心として』 田中敏弘著 ―― 未来社 一九七一

『歴史家ヒュームとその社会哲学』 大野精三郎著 ―― 岩波書店 一九七七

『ヒュームと人間の科学』 舟橋喜恵著 ―― 勁草書房 一九八五

『ヒューム社会哲学の構造』 渡辺峻明著 ―― 新評論 一九八五

『ヒュームあるいは人間的自然』 G・ドゥルーズ著 木田元・財津理訳 ―― 朝日出版社 一九八〇

『ヒューム解題目録』 中央大学図書館編 一九八六

中央大学では創立百周年記念事業の一環として、ヒュームの著作と一八世紀イギリス思想の原典のコレクションを購入した。本書は、池田貞夫・音無通宏氏等が各著作のタイトル・ページづけ・合本などを調査し、まとめたものである。

●その他の研究書

『一八世紀イギリス思想史』(上・中・下)(筑摩叢書) L・スティーヴン著 中野好之訳 ―― 筑摩書房 一九六九・七〇

『啓蒙主義の哲学』 E・カッシーラー著 中野好之訳 ―― 紀伊国屋書店 一九六二

『自由の科学』I・II ピーター=ゲイ著 中川久定他訳 ―― ミネルヴァ書房 一九八二・八六

『一八世紀の自然思想』 バジリ=ウィリー著 三田博雄他訳 ―― みすず書房 一九七五

『悪魔と裏切者 ルソーとヒューム』 山崎正一・串田孫一著 ―― 河出書房新社 一九七八

『イギリス経済思想史研究』 田中敏弘著 ―― 御茶の水書房 一九八四

『近代精神の本質』（「トレルチ著作集」10）　小林謙一訳　――ヨルダン社　一九八一
『イギリス道徳感覚学派』　板橋重夫著　――北樹出版　一九八六
『美と徳の観念の起源』　ハチスン著　山田英彦訳　――玉川大学出版部　一九八三
『カント倫理学の成立』　浜田義文著　――勁草書房　一九八一
『イギリス政治思想　II』（岩波現代叢書）　ラスキ著　堀豊彦他訳　――岩波書店　一九五八
『理性と信仰、自然的宗教』　楠正弘著　――未来社　一九七四
『イギリス史』　G・M・トレヴェリアン著　大野真弓監訳　――みすず書房　一九七五
『イギリス近代史』　村岡健次・川北稔編著　――ミネルヴァ書房　一九八六

さくいん

【人名】

【事 項】

【書名・論文名】

ヒューム■人と思想80　　定価はカバーに表示

1988年4月5日　第1刷発行©
2014年9月10日　新装版第1刷発行©

・著　者　……………………泉《いずみ》谷《や》　周三郎《しゅうざぶろう》
・発行者　……………………渡部　哲治
・印刷所　……………………大日本印刷株式会社
・発行所　……………………株式会社　清水書院

〒102-0072　東京都千代田区飯田橋3-11-6
Tel・03(5213)7151～7
振替口座・00130-3-5283
http://www.shimizushoin.co.jp

検印省略
落丁本・乱丁本はおとりかえします。

CenturyBooks

Printed in Japan
ISBN978-4-389-42080-2

CenturyBooks

清水書院の〝センチュリーブックス〟発刊のことば

近年の科学技術の発達は、まことに目覚ましいものがあります。月世界への旅行も、近い将来のこととして、夢ではなくなりました。しかし、一方、人間性は疎外され、文化も、商品化されようとしていることも、否定できません。

いま、人間性の回復をはかり、先人の遺した偉大な文化を継承して、高貴な精神の城を守り、明日への創造に資することは、今世紀に生きる私たちの、重大な責務であると信じます。

私たちがここに、「センチュリーブックス」を刊行いたしますのは、人間形成期にある学生・生徒の諸君、職場にある若い世代に精神の糧を提供し、この責任の一端を果したいためであります。

ここに読者諸氏の豊かな人間性を讃えつつご愛読を願います。

一九六七年

SHIMIZU SHOIN